中学校
問題解決的な学習で創る道徳授業

パーフェクトガイド

著 柳沼良太・丹羽紀一・加納一輝

明治図書

はじめに

　道徳科がいよいよ完全実施となる中で，子どもが考え議論する問題解決的な道徳授業が本格的に導入されることになる。

　前著の『問題解決的な学習で創る道徳授業　超入門―「読む道徳」から「考え，議論する道徳」へ―』（明治図書）では，これまで問題解決型の道徳授業として構築された基礎理論をもとに，具体的な授業実践もいくつか紹介して解説した。新しい道徳科の授業を開発・実践しようとする機運が高まる中で，前著は全国の教育関係者から大きな反響があった。そこでは「道徳科における問題解決的な学習のやり方がよくわかった」という好意的なご意見が多い中で，「もっと問題解決的な道徳授業の指導案を示してほしい」「すべての内容項目に対応した指導案を知りたい」という要望も少なからず寄せられた。

　たしかに教科用図書検定基準においては，道徳科の教科書の内容全体を通じて「問題解決的な学習や道徳的行為に関する体験的な学習について適切な配慮がされていること」と規定されている。そこでは，ある特定の学年（例えば，小学校高学年）や特定の内容項目（例えば「B　主として人との関わりに関すること」）にだけ問題解決的な学習を適用すればよいわけではなく，すべての学年や内容項目で全般的に問題解決的な学習を適用することが求められている。そのためには，小・中学校すべての学年や内容項目に対応した問題解決的な学習の指導案のモデルケースをつくり出すことがぜひとも必要になるのである。

　そこで，本書では道徳科の内容項目すべてに対応した「問題解決的な学習で創る道徳授業」の実践パーフェクトガイドを提示することにした。こちらでは問題解決的な学習の理論的説明や歴史的経緯は最小限にとどめ，すべての内容項目に対応した指導案のモデルケースを示すことに重点をおいた。

　あらゆる道徳科の教材は，多かれ少なかれ道徳上の諸問題を含んでいるため，問題解決的な学習に対応できる。従来からある定番教材であっても，今日的課題（いじめ，情報モラル，生命倫理，環境倫理など）を取り上げた教材であっても，問題解決的な学習を導入することでアクティブ・ラーニングに対応した道徳科の授業に転換することができる。それゆえ，多様な教材を継承・創作したうえで，新しい道徳科の授業にリニューアルすることは可能なのである。

　本書はこうした実践パーフェクトガイドの中学校編である。22の指導案を作成されたのは，岐阜大学教職大学院で編著者と共同で開発研究に取り組んできた丹羽紀一教諭と加納一輝教諭である。両先生のご尽力により迅速に完成度の高い事例集を示すことができた。

　21世紀にふさわしいアクティブ・ラーニング型の問題解決的な道徳授業を我が国でも豊かに繰り広げるために，ぜひこの実践パーフェクトガイドを有効活用していただきたい。

柳沼良太

目次

はじめに

第1章　問題解決的な学習で創る道徳授業の基本スタイル

1　問題解決的な道徳授業の特徴—従来の授業との違い
❶「読む道徳」から「考え，議論する道徳」への質的転換……………………8
❷道徳科における問題解決的な学習とは………………………………………8
❸アクティブ・ラーニングに対応した道徳科の授業とは……………………9
❹実効性のある道徳授業を目指して……………………………………………9

2　問題解決的な道徳授業の1時間の流れ—導入・展開・終末
❶事前指導で子どもの実態を把握………………………………………………10
❷導入では関心を喚起……………………………………………………………10
❸展開前段では問題の把握と解決………………………………………………10
❹展開後段では問題解決を応用…………………………………………………11
❺終末では授業内容のまとめ……………………………………………………11
❻事後指導では子どもの道徳的実践と省察……………………………………11

3　問題解決的な道徳授業の教材—既存の教材と新しい教材での展開
❶教材の有効活用…………………………………………………………………12
❷教材の分析………………………………………………………………………12
❸教材の提示方法…………………………………………………………………12
❹新しい教材の活用………………………………………………………………13

4　問題解決的な発問の構成
❶主体的に考える発問……………………………………………………………14
❷問題解決を促す発問……………………………………………………………15

5 問題解決的な道徳授業の表現活動―解決策を表現できる場の設定

- ❶ペア学習やグループ学習で表現する······16
- ❷役割演技で解決策を即興で実演する······16
- ❸シミュレーションで応用問題を解決する······17
- ❹スキル学習を取り入れる······17
- ❺礼儀作法やマナーを学習する······17

6 問題解決的な道徳授業の評価―事後まで見据えた評価

- ❶学習の形成的評価（特にパフォーマンス評価）······18
- ❷学習の自己評価······18
- ❸学習の総括的評価（特にポートフォリオ評価）······19
- ❹道徳的実践の評価（「行動の記録」との関連づけ）······19
- ❺関係者の多面的評価······19
- ❻道徳授業のカリキュラム・マネジメント······19

第2章 問題解決的な学習で創る道徳授業モデル

1 内容項目Ａ－(1)自主，自律，自由と責任
教材名：裏庭でのできごと······22

2 内容項目Ａ－(2)節度，節制
教材名：避難訓練······26

3 内容項目Ａ－(3)向上心，個性の伸長
教材名：山中伸弥······32

4 内容項目Ａ－(4)希望と勇気，克己と強い意志
教材名：やらない理由······38

5 内容項目Ａ－(5)真理の探究，創造
教材名：ネットの記事······44

6 内容項目Ｂ－(6)思いやり，感謝
教材名：放課後の教室で······50

7 内容項目Ｂ－(7)礼儀
教材名：足りなかった一言······56

	内容項目	教材名	ページ
8	B-(8)友情, 信頼	僕の親友, 加奈	60
9	B-(9)相互理解, 寛容	マキオの決心	66
10	C-(10)遵法精神, 公徳心	バスと赤ちゃん	70
11	C-(11)公正, 公平, 社会正義	卒業文集最後の二行	74
12	C-(12)社会参画, 公共の精神	ごみ当番	78
13	C-(13)勤労	父の言葉の意味を知って	84
14	C-(14)家族愛, 家庭生活の充実	大会を前にして	88
15	C-(15)よりよい学校生活, 集団生活の充実	ONE FOR ALL	92
16	C-(16)郷土の伝統と文化の尊重, 郷土を愛する態度	和太鼓クラブ	96
17	C-(17)我が国の伝統と文化の尊重, 国を愛する態度	さよなら, ホストファミリー	102
18	C-(18)国際理解, 国際貢献	国により異なる食事のマナー	106
19	D-(19)生命の尊さ	白紙のドナーカード	112
20	D-(20)自然愛護	南洋のキラ	118
21	D-(21)感動, 畏敬の念	杉原千畝	122
22	D-(22)よりよく生きる喜び	二人の弟子	128

おわりに

Problem-solving

第1章
問題解決的な学習で創る道徳授業の基本スタイル

1 問題解決的な道徳授業の特徴
―従来の授業との違い

❶「読む道徳」から「考え,議論する道徳」への質的転換

　新しく始まる道徳科では「読む道徳」から「考え,議論する道徳」へ質的転換を図ることになる。道徳科でこのような「考え,議論する道徳」を推奨するに至った経緯について,中央教育審議会の教育課程企画特別部会の論点整理（2015年8月）では,以下のように説明している。
　従来の道徳授業は,「実際の教室における指導が読み物教材の登場人物の心情理解のみに偏り,『あなたならどのように考え,行動・実践するか』を子供たちに真正面から問うことを避けてきた嫌いがある」。「このような言わば『読み物道徳』から脱却し,問題解決型の学習や体験的な学習などを通じて,自分ならどのように行動・実践するかを考えさせ,自分とは異なる意見と向かい合い議論する中で,道徳的価値について多面的・多角的に学び,実践へと結び付け,更に習慣化していく指導へと転換することこそ道徳の特別教科化の大きな目的である」。
　このように,従来の道徳授業のような登場人物の心情を理解することに偏った「読む道徳」から脱却して,道徳上の問題に対して自分ならどのように行動・実践するかを「考え,議論する道徳」へと転換することが最も大事になるのである。

❷道徳科における問題解決的な学習とは

　考え議論する問題解決的な学習で創る道徳授業とは,子どもが問題を自ら考え,主体的に価値判断し,様々な解決策を思い描き,互いに考え議論し合うところに特徴がある。2015年の中学校学習指導要領解説（特別の教科　道徳編）でも,「道徳科における問題解決的な学習とは,生徒一人一人が生きる上で出会う様々な道徳上の問題や課題を多面的・多角的に考え,主体的に判断し実行し,よりよく生きていくための資質・能力を養う学習」と定義づけている。
　問題解決的な学習で創る道徳授業の学習指導過程では,教材を読んだ後に,子どもたちが「何が問題になっているか」「登場人物はどうしたらよいだろう」「自分ならどうするだろう」と考えるところに特徴がある。つまり,「何をなすべきか」「どのようにしたらよいか」という方法知や実践知にまで踏み込むことで,日常でも生きて働く道徳性を育てようとするのである。
　こうした点では,従来の道徳授業のように,登場人物の心情を理解させ,道徳的価値の自覚を深めさせることで,子どもの道徳的心情や道徳的態度を育成しようとする方針とは質的に異なる。従来の道徳授業は,教材を読んだ後に,登場人物は「どんな気持ちだったか」「なぜそうしたか」を問いかけ,その心情を共感的に理解させることで,教材に込められた道徳的価値を教えることに重点をおいてきた。こうした指導法は,国語科の「読み取り」を模倣している

ため簡便ではあるが、それを日常生活に生かすことはできないため、実効性に乏しかった。また、子どもが道徳上の問題を主体的に考えたり、多様な考え方を生かしたりして議論することも行いにくかった。そこで、これからは「読み取り道徳」であることをやめ、子どもが人生で出会う様々な問題を主体的に考え議論する授業へと質的転換することを目指したのである。

❸アクティブ・ラーニングに対応した道徳科の授業とは

2020年から順次全面改訂する学習指導要領では、各教科等においてアクティブ・ラーニングを全面的に導入することになる。従来のように教師が子どもに知識内容（コンテンツ）を教え込む授業から、子どもが主体的・能動的・協働的に学び考えることで資質・能力（コンピテンシー）を育成する授業へと質的転換を図ることになる。

この点では道徳科でも全く同様である。従来のように、主人公の心情を読み取らせ、道徳的価値（コンテンツ）を教え込む授業から、子どもが主体的に道徳的問題を考え議論することで道徳的資質・能力（コンピテンシー）を育成する授業に質的転換することが求められている。それに対応させて、2015年に一部改訂された学習指導要領において道徳科の目標は以下のように示されている。

「よりよく生きるための基盤となる道徳性を養うため、道徳的諸価値についての理解を基に、自己を見つめ、物事を（広い視野から）多面的・多角的に考え、自己の生き方（人間としての生き方）についての考えを深める学習を通して、道徳的な判断力、心情、実践意欲と態度を育てる」（括弧は中学校）。こうした「資質・能力としての道徳性」を養うためには、子ども自身が様々な問題を主体的に解決するアクティブ・ラーニング型の道徳授業にする必要がある。この点を道徳性の諸様相と関連づけて言うと、「道徳的判断力、道徳的心情、道徳的実践意欲と態度」という資質・能力を養い、実際の道徳的行動や習慣にも確実につなげていくことが肝要になるのである。

❹実効性のある道徳授業を目指して

子どもたちは道徳授業で学び考え議論したことを自分たちの現実生活に活用・汎用し省察する経験を通して「生きて働く道徳性」をはぐくみ、よりよく生きる力の基盤を形成する。従来の道徳授業のように、子どもが登場人物の気持ちを読み取って立派なことを発表し合っても、現実の行動や習慣に結びつけなければ、「生きて働く道徳性」を育成することは難しい。

そこで、考え議論する道徳科では、子どもが主体的に道徳上の問題に取り組んで、自らの人間関係や生き方と照らし合わせながら「どう行動するか」「いかに生きるか」まで根本的に考え議論し、その結果を日常生活の行動や習慣にも結びつける。こうした道徳授業は、子どもの認知・情緒・行動に働きかけ、学校の教育活動全体の要となるため、実効性も高くなる。

2 問題解決的な道徳授業の1時間の流れ―導入・展開・終末

　問題解決的な学習で創る道徳授業でも，基本的には通常の授業と同様に，導入・展開・終末という学習指導過程がある。以下にその一般的な1時間の流れを概説したい。

❶事前指導で子どもの実態を把握

　まず，子どもの実態と発達段階を理解し，何か具体的な問題状況もあれば確認する。ここでは教師が単に子どもを観察するだけでなく，定期的に個別の面接やアンケートや心理テスト等をすることで多面的に把握するように努める。道徳授業の内容に合わせて，各教科や特別活動，総合的な学習の時間に関連する体験活動や読書，映像教材の視聴をしておくことも望まれる。

❷導入では関心を喚起

　導入では授業の主題に子どもの興味や関心を惹きつけ，問題解決に取り組むよう動機づける。
・子どもの個人的な経験や具体的な事例から道徳的価値の意味を考える。例えば，「人間関係で困ったことはないか」を問う。
・展開で使う教材と類似した簡潔な事例を提示して対応を考える。例えば，「友達との先約があるところに親から重要な急用を頼まれたらどうするか」を問う。
・授業でねらいとする道徳的価値について考える。例えば，「正義とは何か」「法やルールは何のためにあるか」を問う。
・展開で使う教材の問題について参考になる基本情報や予備知識を提供しておいてもよい。例えば，教材「白紙のドナーカード」で脳死の定義や臓器移植の知識を示しておく。

❸展開前段では問題の把握と解決

　展開前段では，まず教材を読んで解決すべき問題を発見する。

　まず，道徳的な問題を把握する。「何が問題か」「ここで何に困っているのでしょう」と問いかける。ここでは関係者の利害関係も確認する必要がある。また，問題に含まれる対立関係を分析する。「何と何で迷っているのか」「だれとだれの考えが対立しているのか」等について考える。問題状況を的確に把握できると，解決すべき課題も明確に設定できる。

　次に，様々な解決策を自由に構想する。ここでは「あれかこれか」の二者択一ではなく，第三，第四の解決策を提案し合い，可能性を広げる。そして解決策を考えた理由を話し合う。ここでは，関係者それぞれの立場や状況に配慮し，解決策のもたらす結果について考え，自他の経験や道徳原理や先人の知恵を踏まえて，個人やペアやグループで納得できる解を見出す。

❹展開後段では問題解決を応用

　展開後段では，問題解決の議論をより深め広める。一般的には，展開前段で個人やペアやグループで考えた内容を，展開後段では学級全体で話し合い，具体的に解決策を練り上げていく。公共的な問題に関しては個人の価値観を表明するだけでなく，互いに合意形成を図ることが大事になる。
　展開後段では，以下のような「体験的な学習」を取り入れて実効性を高めることもできる。
・様々な解決策について役割演技（ロールプレイ）をしながら再検討する。子どもたちが解決策として考えた台詞を即興的に自由に言い合えるようにする。
・具体的な行動場面を設定してスキル的な学習をする。一般的にはソーシャル・スキル・トレーニングやセルフ・アサーション（自己主張）・トレーニングなどと組み合わせる。
・教材と類似した別場面を提示してシミュレーションとして取り組む。教材が基礎・基本の問題であるとすれば，別場面は応用問題であり，知識の活用や発展につながる。
・礼儀作法やマナー，エチケットを体験的に学ぶこともできる。基本的な礼儀作法などの知識や技能を習得したうえで，実際の様々な場面を想定して礼儀作法を応用してみる。

❺終末では授業内容のまとめ

　授業の終末では，授業全体の学習を振り返るとともに，できるだけ日常生活にもつなげていく。
・子どもが「この授業でどんなことを学んだか，考えたか」を省察する。子どもが授業で学んだことをしっかり振り返ることで学習成果を確認できる。
・導入部において提示した根本的な問いかけを再び行って，道徳的価値の理解が深まったかを確認する。例えば，「本当の正義とはどのようなものだと思いましたか」と問う。道徳的価値の深まりや広がりが学びの成果に反映される。
・今後の子どもの生活経験に結びつけるために「今日の授業で学んだことを今後どう生かせるか」を考える。今後の行動や習慣につながる意欲や態度をはぐくむようにする。
・教師の説話として，授業で問題解決した内容と関連したことを経験談として語ったり，社会的話題，教訓や偉人・先人の言葉と関連づけて語ったりしてもよい。

　こうした授業のまとめは，できるだけ道徳用のワークシートやノートに書き記して，何人かに意図的指名をする。子どもたちの思考のプロセスを確認し，今後の日常生活に結びつける。

❻事後指導では子どもの道徳的実践と省察

　道徳科の問題解決的な学習で学び考えたことは，子どもたちの日常生活で実践に移しやすい。授業で考えた解決策を実際の場面で実践してみて，その効果を確認したり省察したりすることができる。こうした事後指導をすることで，道徳科の教育効果を検証することができる。

3 問題解決的な道徳授業の教材
―既存の教材と新しい教材での展開

❶教材の有効活用

　道徳科の教材にはどのような内容でも必ず道徳上の問題が含まれている。それゆえ，既存の定番教材でも問題解決的な学習を柔軟に行うことはできる。例えば，有名な教材「卒業文集最後の二行」や「二人の弟子」でも，主人公の心情の読み取りではなく，「なぜ困っているのか」「どうすればよいか」を考え議論することで問題解決的な展開へと質的に転換できる。

　その際，ねらいや主題とのかかわりで，教材にどのような道徳的問題が含まれ，それに関連するどのような道徳的諸価値が含まれ，どのような解決策が考えられるかを十分検討しておく。また，教材をどのように活用すれば，子どもたちが主体的に問題解決に取り組み，道徳的諸価値の理解を深め，ねらいとする資質・能力を育成できるかを吟味しておくようにする。

　教材はあくまでも子どもが道徳的問題を考え主体的に判断する資質・能力を育成するための手段に過ぎない。それゆえ，教材に示された解決策を「模範解答」と見なして子どもに押しつけるのではなく，子どもと協働して探究し解決策を一緒につくり上げる姿勢が大事になる。

❷教材の分析

①教材に含まれる問題を確認する

　どの教材でも大小様々な問題が含まれている。ねらいとする道徳的諸価値に関連し，「生きて働く道徳性」をはぐくむためにどの問題点を特に取り上げるのか明確にしておく。

②問題に含まれる道徳的諸価値を抽出する

　1つの問題にも複数の道徳的諸価値が含まれている。そうした場合，中心価値だけでなく周辺の価値や対立する価値も押さえ，多様な道徳的諸価値の関係性を分析しておく。

③問題の対立点を明確にする

　道徳的な問題状況で，どのような考え（価値観）が対立しているか，だれが満足な状況でだれが不満足な状況にあるかを分析する。また，その対立点を解決する方法を構想しておく。

④複数の解決策を分析する

　複数の解決策を比較検討しながら，「それは妥当か」「その結果どうなるか」「長所と短所は何か」などを吟味する。二者択一ではなく「よりよい別の解決策はないか」も追求する。

❸教材の提示方法

　教材の分析を踏まえて，その提示方法も工夫する必要がある。問題解決的な学習における教

材の提示方法は，大別して以下の3通りである。

①教材の全文を提示するパターン

全文を示して物語の結末を理解したうえで，原因と結果の関連性を振り返り，登場人物の示した解決策の良し悪しを省察する。そこでは，登場人物の言動への賛否を考えるとともに，別によりよい解決策もあったことを構想することもできる。

②問題場面までを提示するパターン

登場人物が葛藤する場面までを提示し，結末（結論）の場面をカットすることもできる。この場合，子どもが主体的に多様な解決策を構想することができる点で優れている。カットした部分を後で提示する場合は，それが必ずしも「模範解答」ではないことを断ったうえで，子どもたちが自由に考えた解決策と比較検討してみるとよい。

③教材をつくり替えて提示するパターン

教師が教材を一部改作し，問題解決用にアレンジしてみることもできる。子どもたちが簡単に解決策を想定できる問題ではなく，子どもが協働して探究しながら解決策をつくり出せる問題に改良し，議論を促すのである。

❹新しい教材の活用

従来の教材には，子どもたちにとって答えのわかりきった常識的な内容も少なくなかったため，新しく有意義な教材を積極的につくり出して，広く共有することが望まれる。

①今日的課題

今日的課題は，既存の教材が少ないうえに，日進月歩で内容も変わっていくため，積極的に新しい教材を開発したい。例えば，いじめ問題なら被害者，加害者，傍観者の立場でどのように問題解決できるかを現実的に考える。また，情報モラルの問題なら，ネット上のトラブルあるいはメールやLINEでのコミュニケーション不全を克服する方法を考える。生命倫理の問題なら，脳死問題やドナーカード，出生前診断，死刑制度など答えの出しにくい問題を議論する。

②日常生活で起こり得る話題

既成の架空の教材だけでなく，実際の日常生活で学校や学級の中で起きた道徳的問題を脚色して教材を作成してもよい。自分たちの生活に関係する問題であれば，生徒も切実に考える。ただし，自作教材があまりに実際の子どもの生活と密着していて生々しいと，刺激が強すぎて冷静な話し合いにならないため，適度に問題の状況や人物の設定を変えて提示する必要がある。

③別場面で応用するための教材

展開前段で既存の教材を使った後に，別場面で応用するための問題として短い教材を用意することも効果的である。例えば，展開前段で架空の物語である「二通の手紙」を用いた後，展開後段では実際にあった遅刻の問題を簡潔に例示して，どうすべきかを考える。

4 問題解決的な発問の構成

　道徳科における問題解決的な学習では，教師の発問が極めて重要である。子どもが道徳上の問題を考え議論するためには，形式的で一方的な発問をするのではなく，問題解決を多面的・多角的に考える発問を用意して，子どもたちが活発に考え議論し合える展開にしたい。

　その際，授業のねらいに的確に迫るための発問も用意しておく必要がある。子どもが道徳的諸価値と関連づけながら，物事の真実や人間としての生き方について考えを深め，よりよく生きようとする意欲を高められるような発問を吟味することが大事になる。

❶主体的に考える発問

　道徳授業で子どもがいろいろな物語を読む場合，他人事として受け身で考えているうちは，心に響いてこない。それに対して，「登場人物はどうすべきだろうか」「自分だったらどうするだろう」「主人公のようにするだろうか」「人間としてどうすべきか」「別のやり方はないだろうか」などと主体的に考え始めると，切実な問題として心に迫ってくる。

　他人事であれば，建前できれいごとを言ってやり過ごすような場面でも，自分のことであれば，その判断と結果に責任をとることになるため，本気で切実に考え始めるようになる。

①自他の経験から解決策を考える

　子どもたちの過去の体験や見聞を資源（リソース）として成功の法則を導き出すのも有意義である。例えば，「過去にあなたがうまくいったときは，どのようにしましたか」と問う。格言や先人の言葉から解決策を導き出してもよい。例えば，「この場面でキング牧師ならどう考えるだろうか」と尋ねる。

②様々な可能性を考える

　登場人物の考えや常識にばかりこだわると話し合いが停滞してくる。そこで，子どもの願望を尋ねてみるのも有効である。例えば，「仲間がいじめを受けて困っているとき，本当ならどうしてあげたいですか」と問う。

　解決が困難な問題の場合は，「もし奇跡が起きたら，どうなるかな」と尋ねて肯定的な可能性を広げてもよい。こうしたミラクル・クエスチョンで考えると，不可能に思えたことでも実行可能に思えてきて，発想を切り替えるきっかけになることがある。

③二項対立にこだわらない

　単純な二項対立にして「過ちを許すか許さないか」「ビザを書くか書かないか」だと，「よい心と悪い心」や「強い心と弱い心」に押し込まれ，単純すぎて議論が深まらない。できるだけ第三，第四の解決策も自由に考えるように促す。例えば，「バスと赤ちゃん」なら，「バスを降

りるか降りないか」だけでなく，運転手や乗客に協力できることはないかを考える。

④多面的・多角的に考える

問題のマイナス面ばかり考えて話し合いが行き詰った場合は，プラス面を積極的に取り上げ，肯定的な解決策を構想してみる。例えば，「作業が遅い」と断罪するのではなく，「仕事が丁寧」「誠意をもって作業している」と見方を変える。

❷問題解決を促す発問

問題解決的な学習指導過程で非常に重要なのは，子どもが多種多様な解決策を出した後に，それらを１つに絞り込んでいくプロセスである。「どの解決策もすべてよい」としてオープンエンドにすると，無責任で無思慮な言動も許容することになり，道徳的混乱が生じる。そこで，多様な解決策を比較検討して，最善の解決策を選びとることが必要になる。複数の解決策を絞り込み，ねらいとする道徳的価値に迫るために，次の道徳的原理を発問に活用できる。

①解決策の結果を考察する

まず，「どうしてそう思うか」と理由を問うだけでなく，「そうしたらどうなるか」と結果も問う。解決策を考えた理由や動機だけ問えば，さしさわりのない建前や理想論に流れがちである。しかし，「その結果どうなるか」まで踏み込んで考えると，本音や現実論も出てくる。実際の生活に役立てるためには，結果を踏まえて実践可能な形に練り上げた解決策が重要になる。

②可逆性を考える

次に，相手の立場も考慮して，「自分がそうされてもよいか」と可逆性を尋ねる。こうした他者（相手や第三者）の立場に自分を置き換え，その解決策が自分に適用されてもよいかを尋ねることで，より広い視野で多面的・多角的に物事を考え，様々な他者に対する思いやりの念を高めるようになる。

③普遍性を考える

「いつ，どこで，だれに対してもそうできるか」を問う。目前の身近な人間関係や因果関係だけで考えるのではなく，広く社会関係を全体的に見つめ，様々な可能性を想定し，普遍妥当な解決策を考えるようにする。

④互恵性を考える

関係者全員に配慮し，互いに納得できる解決策を考える。例えば，「みんなが幸せになるためにはどうすればいいだろう」と問う。単に力関係や利害関係ではなく，互いに尊重し合う精神で最善の解決策を出すようにする。自分だけ，または自分の仲間だけ幸せになればよいわけでなく，その問題に関連する人々すべてに配慮できるようにする。

こうした教師からの多様で効果的な発問をすることで，子どもたちは道徳的諸原理や判断基準をもとに多面的・多角的に考え公正・公平に議論することができるようになる。

5 問題解決的な道徳授業の表現活動
―解決策を表現できる場の設定

　問題解決的な学習を活用した道徳授業では，子どもが多様な解決策を表現できる場や機会を設定するために，体験的な学習として即興的な動作化や役割演技（ロールプレイ），コミュニケーションを深める活動など多様な表現活動を積極的に取り入れることができる。

　こうした表現活動は，道徳の問題状況における臨場感を高めるため，子どもは道徳の問題状況により興味や関心を抱くようになる。また，自分の考えを表現する活動を通して道徳的な課題を自分自身のこととして切実にとらえ，解決に取り組むことができるようになる。

　その際，動作化や役割演技が単なる興味本位に流されないように，道徳科のねらいを踏まえて，子どもが自ら考え，主体的に判断し，道徳的価値についての考えを深められるように配慮する必要がある。

❶ペア学習やグループ学習で表現する

　まず，問題を発見し，その解決策をペア学習やグループ学習で自由に表現し合うことである。子どもが知識や技術を習得するだけでなく，それを活用して具体的な問題を解決しようとしたり，それを契機により発展的で探究的な学びにつなげていったりすることが大事になる。

　次に，ペアやグループや学級の子どもたちで協働して考えを広げることである。子どもが自分の考えや過去の経験だけに執着するのではなく，他者と多様な意見交流をして，多面的・多角的な見地から考えを発展させていくことが重要になる。だれかの意見だけ優先するのではなく，多様な意見を交流するところに意義がある。

　そうした他者との対話によって自分一人では気づけなかったことが理解できたり，考えを深めるきっかけになったりすることが，問題の解決につながることもある。互いに練り合い，高め合いながら問題を解決する協働的な学びこそが成長の契機となる。そのため，上述したペア学習やグループ学習，全体学習を適宜組み合わせることが重要になる。

　さらに，子どもたちが見通しをもって粘り強く取り組み，自らの学習活動を振り返って次につなげることである。学びをその時間の活動だけにとどめるのではなく，その前後の学習と結びつけることも大事になる。過去に学んだ知識や技能とどのような関連性があるか，将来の学びとどのようにつながるか，その時間の学びは有意義で適切であるかを省察し，全体を俯瞰することが学習の質を高めることになる。

❷役割演技で解決策を即興で実演する

　登場人物の立場になって即興的に問題の解決策を動作化したり，役割演技したりして考える

ことも有効である。例えば、読み物教材の葛藤場面までを提示して、子どもたちが登場人物のとるべき行動（解決策）を即興的に演じる。

例えば、教材「裏庭でのできごと」では、健二が2枚目のガラスを割った後、「すぐ先生に報告に行くか」「大輔の助言に従い、雄一のせいにするか」で葛藤する場面を取り上げ、いろいろな解決策を考えて役割演技をし、それぞれの良し悪しを比較検討する。この場合、子どもたちは葛藤場面を多角的かつ批判的に考察し、創造的に様々な解決策を構想できるようにする。

❸シミュレーションで応用問題を解決する

展開前段で取り上げた教材の問題解決をもとにして、別の話題を応用問題として考えることができる。例えば、教材「ONE FOR ALL」でリーダーシップの問題を議論した後に、類似した別場面の応用問題として「合唱祭のパートリーダーとしての悩み」を提示して話し合う。

教材の問題が偉人・先人の話で心理的に距離がある場合、あえて身近な問題に置き換えることもある。例えば、教材「山中伸弥」を読んだ後に、向上心をもって個性を伸ばすような身近な話題（試験勉強や部活動など）を取り上げ、どうすれば問題を克服できるか話し合う。

❹スキル学習を取り入れる

実際の問題場面でどのように振る舞えばよいかを考え、スキル学習をすることができる。例えば、いじめの場面で傍観者の立場から加害者にどう対応するか、被害者をどう助けるかを具体的に学習する。例えば、「卒業文集最後の二行」を用いて、加害者・被害者・傍観者の立場でどう対応すべきか考える。

また、セルフ・アサーションの学習を取り入れることもできる。相手が嫌なことをしてきた場合の対応として、①「何も言わずに無視する」②「相手を非難し拒絶する」③「自分の気持ちをさわやかに主張する」のどれがよりよい解決策か比較検討する。例えば、教材「足りなかった一言」で「私と女の子」の立場でさわやかな自己主張をしてみる。

❺礼儀作法やマナーを学習する

礼儀作法やマナー、エチケットに関する学習は、ある一定の動作や所作を型として具体的に理解した上で、それを体験的に学習する方法が有効である。基本的な礼儀作法の知識や技法を理解し、実際の様々な場面を想定してシミュレーション的に体験的な学習を行ってみる。

こうした表現活動は「慣れ」も大事である。子どもたちが自らの考えを伸び伸び表現できるように、教科等の学習活動でも役割演技やスキル学習を取り入れ、互いの表現活動を尊重し合える道徳的環境を事前に整えることが大切である。

6 問題解決的な道徳授業の評価
―事後まで見据えた評価

　問題解決的な学習で創る道徳授業では，目標に準拠した指導と評価を明確に行うことが肝要になる。その際の評価は，子ども一人ひとりのよさを認め，道徳性に係る成長を促すようなものにする必要がある。その際，結果だけを数値等で評価するのではなく，子どもの学習過程に注目し，思考や行動の変容から道徳性の成長をとらえ，肯定的な所見を記すようにする。

❶学習の形成的評価（特にパフォーマンス評価）

　問題解決的な学習で創る道徳授業では，子どもたちが主体的に道徳上の問題を解決する過程を評価することが重要になる。そこでは，各教科と同様にアクティブ・ラーニングに対応させ，「思考，判断，表現」を観点として見取るパフォーマンス評価が推奨される。

　こうした形成的評価は，授業中に学級全体の前で発言した内容の他に，ペア学習やグループ学習での話し合い活動や書く活動が評価の対象となる。特に，授業中や前後に子ども一人ひとりの学習過程を評価するためには，道徳用のワークシートやノートを工夫して，思考のプロセスを把握するのが有効である。

　問題解決的な学習の場合は，「何が問題か」「何に困っているか」を考えることでパフォーマンス課題を設定する。この課題を「どのように解決したか」を見ることでパフォーマンス評価をすることができる。こうした評価で注目したいのは，①道徳上の問題状況を的確に把握できている点②様々な知識や技能を活用して問題を解決した点③自他の過去の経験と結びつけて問題解決した点④ねらいとする道徳的諸価値と関連づけて問題解決した点⑤将来の道徳的実践や習慣に結びつけた点などである。

　また，子どもの発言内容が授業の初めと終わりでどのように変容するかを記録して評価することも有効である。例えば，「知識・理解」の観点から，授業の導入で「自由とは何でも自分勝手にできることだ」と答えていた子どもが，「ルールを尊重し，自他に対する責任をもった自由であるべき」と考えを深めた点を評価する。別の例として，「思考・判断・表現」の観点で，導入では「自分さえよければよい」と言っていた子どもが，「相手の立場や社会的見地も理解し，お互いが幸せになれるように行動する」と考えた点を評価する。

　子ども一人ひとりが自分なりに課題を設定し，それを協働して解決してよりよい生き方について考えを深め，道徳性をはぐくんだ点を積極的に評価したい。

❷学習の自己評価

　道徳授業の事前や事後にアンケート調査をすることがある。この場合，子どもが自身の言動

や習慣を振り返って自己評価することが基本となる。定期的に同種のアンケート調査をすることで道徳性の変容を把握することができる。

また，道徳授業の中でも，子どもが自らの「関心・意欲・態度」を自己評価することができる。子どもが道徳授業をどのような意識や態度で取り組んだかを自己評価するのである。

❸学習の総括的評価（特にポートフォリオ評価）

子どもが道徳用のワークシートに書いたものをファイルに綴じたり，道徳用のノートに書いたものをまとめたりして，学習の過程や成果などを記録したものを振り返るポートフォリオ評価も有効になる。子どもたちは学期や学年の終わりに振り返りの会（カンファレンス）を開き，自分のポートフォリオを概観しながら，自分の頑張ってきたことや道徳的な成長の軌跡を認めて自己評価することができる。また，その成果を踏まえ，今後の課題や目標を発見することもできる。この振り返りの会では，子ども同士で互いの努力や成果をグループや学級全体で発表し合い，相互評価することも有意義である。

❹道徳的実践の評価（「行動の記録」との関連づけ）

子どもたちが道徳科の授業で考えた解決策や具体的な行動指針を日常生活で実行して，知っていることを実際にできるかどうかをパフォーマンス評価することができる。また，授業で習得した道徳的諸価値を日常の行動や習慣と関連づけ，チェックリストで自己評価することができる。こうした道徳的実践を肯定的に評価し，「行動の記録」に反映させることもできる。

達成度で自己評価する場合，①「よくできた」「満足」②「だいたいできた」「だいたい満足」③「努力する」「不十分」等に分け，その理由を踏まえ改善を図れるようにする。

❺関係者の多面的評価

道徳教育の評価は，学校教育全体で担任教師が評価するだけでなく，他の教師や職員，保護者や地域の人々などが教育活動の様々な場面や実績を見取って総合的に評価することができる。各種の学校評価の項目に道徳教育の取り組みを入れて，定期的に教育実践の成果を振り返り，改善を図ることもできる。子どもたちがレポートやポートフォリオをもとにプレゼン教材を作成し，道徳的実践に関する発表をする機会を与えることも有意義である。

❻道徳授業のカリキュラム・マネジメント

以上のように道徳性の発達状況を把握したうえで，教師が道徳教育全体の成果を振り返り評価することになる。道徳科が学校の教育活動全体で行う道徳教育の要として機能しているか，子どもたちの道徳性を実質的に高めているかを調査する。その評価をもとに今後の道徳教育や道徳科の目標と指導法を改善するというカリキュラム・マネジメントをする必要がある。

Problem-solving

第2章
問題解決的な学習で創る道徳授業モデル

1 内容項目A−(1)自主,自律,自由と責任
教材名：裏庭でのできごと

柳沼良太の"ココ"がおススメ！

　この教材では，生徒の自律心や責任感を育てようとしているが，一方で友人との人間関係をどう築くかが大きなテーマになっている。それゆえ，「謝罪する」や「責任を果たす」という単純な行動規範を生徒から引き出すだけでなく，主人公（健二）が友人（大輔）をどう説得し，どのような行動に出るべきかまで具体的に考えることがポイントである。自らの道徳的価値観を振り返り，適切な主張ができる能力を養うことができる授業である。

◆本時の問題解決的な学習のポイント◆

❶問題場面を整理する

　人は様々な場面において，自分で考え，判断し，行動する。そして行動した結果について責任をもたなければならない。しかし時として「みんなやっているから」「私だけじゃない」と人の考えに左右され，よく考えずに行動してしまう生徒の姿は多い。本教材では，鳥のひなを助けようとしてガラスを割ってしまった雄一が先生に報告しに行っている間に，主人公の健二が大輔の誘いに乗って遊んだことにより，隣のガラスも割ってしまう。そこで雄一に悪いと思いながらも，大輔の言い訳に乗り，その事実を隠してしまう健二の悩みを問題として設定する。

❷教材の分断で迫る

　本教材は，最終的に健二が自らの行動を省み，考えた結果，次の日に大輔に電話をしたうえで先生に自らの行いを報告しに行く展開になっている。健二が自らの葛藤に立ち向かい，問題解決的な行動を見出し，行動することができている。したがって本時での扱いは，問題が起こった日と次の日に教材を分け，まずは初日で生徒に問題解決的な学習を行わせた後に後半の教材を読み，健二の立場でどうすべきか考える授業展開にしたい。

　問題解決的な学習を行う場面では，「先生に報告したほうがいい」と考える生徒が多数いると予想されるので，「先生にどのように報告するか」「大輔への配慮はどうすればいいか」など，多面的な視点から「自らの責任をどのように果たすか」を具体的に追求していきたい。

◆指導案◆

（1） **主題名** 誠実に責任を果たす
（2） **教材名** 裏庭でのできごと（出典：『中学生の道徳1』あかつき）
（3） **ねらい** 自らの行動とその結果に対して誠実に向き合い，適切な人間関係を築きながら責任ある行動を判断できる能力を養う。
（4） **展開の大要**

	学習活動	ねらいにせまる手立て	生徒の反応
導入	○理想の大人像を考える。	・生徒にとって理想の大人像から，何ができるようになればいいかなどを確認する。	・逃げずに最後までやりきることができる。 ・周りの人のことを考えることができる。
展開	◇前半を範読する。 ○健二の中で，何が問題になっているかを確認する。 ○健二はこの後どうしたらよいか考える。 ○具体的にどのように行動するかを考える。 ◇後半を範読する。 ○健二がとった行動と自分たちの考えと照らし合わせる。 ○役割演技する。	・健二の中に自らの行動に対する誠実さ，責任を欠いていたこと，それにより雄一が憤慨したことに対する後ろめたさがあるが，大輔との友情があるので報告したくてもできない状況であることを押さえる。 ・報告はしなければいけないが，友達への配慮もする必要があることを押さえる。 ・「先生へ報告」「大輔へ配慮」「雄一への謝罪」などを，具体的にどのように働きかけるかについて深める。 ・責任感をもって判断，行動していることを押さえる。 ・健二役と大輔役で互いに主張し合う。	・自分はガラスを割ってしまった責任をとらなければいけない。 ・雄一を怒らせてしまったし，大輔にも言うなと言われている。 ・2人といい関係は続けたい。 ・先生には，正直にすべてを話して謝る。 ・大輔には，自分の気持ちや，謝りに行くことを伝える。 ・雄一には，自分の弱さを謝り，先生に正直に話すことを伝える。
終末	○導入とかかわらせ，理想の大人像について考える。 ○教師の説話を聞く。	・自らの判断や行動についての責任を果たそうとしている態度を位置づける。	・自分の判断やその結果には正直に向き合って責任をもちたい。

（5） **評価** 自らの行動に誠実に向き合い，対人関係を調整して責任ある行動を判断できたか。

◆授業の実際◆

教材の概要 雄一がガラスを割った報告をしに職員室へ行っている間に，健二は大輔の誘いに乗って遊び，隣のガラスも割ってしまう。雄一が先生を連れてきた際に，大輔の言い訳に乗り，健二は自分の行ったことを謝らず，すべて雄一のせいにしてしまう。その夜，健二は自分の行動への責任，大輔や雄一との友情を考えて悩む。翌日，健二は1人で職員室に向かった。

❶導入

まず，「みんなが思う，理想の大人はどんなイメージですか」と問いかけることで，生徒がもつ大人像を呼び起こす。生徒からは「責任のある行動ができる」「まじめに働いている」など，外見的なものから内面的なものまで，様々な考えが出る。それぞれの考えを認めながら，「みんなは社会的に責任を果たしているような人を大人とイメージしているのですね。今日の授業では，こうした責任ある行動について考えていきましょう」と言って展開へ入る。

❷展開

教師が教材の前半を読んだ後，問題解決的な学習に入る。まず，問題点を明らかにするために「最後に健二が迷っていますが，何が問題で迷っているのでしょうか」と問いかける。生徒からは「ガラスを割ってしまったことを正直に先生に言えなかったし，雄一を怒らせてしまったから，後悔している」「しかし，大輔が健二も含めてガラスを割ったことを隠してしまい，先生にガラスを割ったことを言わないように言っているし，健二自身も怒られるので言えないから，迷っている」というような考えが出てくる。それらを整理して，以下のように板書する。

【言う理由】
・健二自身がガラスを割ったので，正直に言わなければならない。
・言わなかったことにより，雄一を怒らせてしまった。
【言えない理由】
・健二もかばう形になった大輔から，ガラスを割ったと先生に言うのを止められているから。
・健二の不注意でガラスを割ってしまったので，言ったら怒られてしまう。

次に，整理した内容を踏まえ，教師は「この後，健二はどうしたらよいだろう」と問いかける。生徒からは「先生に正直に言うべきだ」という考えが出てくることが予想されるので，さらに「では，具体的にどのように先生に言いますか」と発問し，具体的にどのように言うべきか，また大輔や雄一へはどのように働きかければよいかを考えさせる。

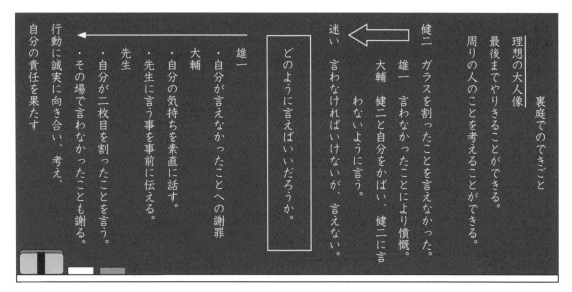

　この後，健二の立場から，雄一，大輔，先生にどのように対応するかを個人で考え，ワークシートに記入する。次に，グループ交流を行う。グループ内でよりよい解決策について考え，健二が雄一，大輔，先生にどのように言うべきかを話し合う。

　最後に，クラス全体で健二がそれぞれの人物に対してどのように働きかけるべきかを検討する。生徒からは，①雄一に「全部，君のせいにして悪かった」と言って素直に謝る②大輔には，「僕がガラスを割ったのだから，きちんと先生に報告してくるよ」と言う，などの発表がある。

　展開の最後では，教材の後半を範読した後，「次の日の朝，健二が１人で職員室に行ったけれど，この後どうなるだろうか」と問いかける。生徒からは「大輔が今度は健二を責め立てる」「大輔と話し合ってから職員室に行くべきだ」という意見が出る。

　教師が「それでは健二はどのように大輔に言えばよいか」と尋ねる。ここで生徒が２人１組となり，健二役と大輔役になり役割演技する。代表者には学級の前でも役割演技してもらう。

❸終末

　終末では，導入で考えた理想の大人像を振り返る。「今日の内容を振り返って，理想の大人になるためにどうすればよいでしょうか」と投げかける。生徒からは「自分の行ったことに対して責任をもってやりきることができないときもあった。今日の授業で，責任を果たすことは大切だとわかった。責任を果たすことは大変だと思うが，理想の大人になれるように一つずつ考えて責任を果たして頑張っていきたい」などと，自分の現状を見つめながら，自らの行動に対して責任をもって誠実に向き合う考えが出てくる。

　教師の説話は，教材では問題が起きてしまってから対処しているが，問題が起こる前によく考えて行動することも大切であると伝えて終える。

（加納　一輝）

2 内容項目 A −(2) 節度，節制
教材名：避難訓練

柳沼良太の"ココ"がおススメ！

　この授業は，道徳教育だけでなく安全・防災教育のテーマを扱っている。それゆえ，単に建前の理想論を説くのではなく，現実の災害やその対策を踏まえて，生徒が考え議論する展開にしている点が有意義である。東日本大震災や熊本大震災なども念頭において，実際に日頃からどのように行為・実践するかを考えることができる授業である。リアルな話題だからこそ，問題解決的な展開が効果的であり，今後の生徒たちの生活習慣にも生かされていくだろう。

◆本時の問題解決的な学習のポイント◆

❶導入では意欲づけを図る

　小学校のときから数多く避難訓練を行ってきており，避難訓練の方法や訓練を行う理由は，どの生徒も理解している。ところが，中学生になると，「わかりきっていることは面倒くさいし，やらなくてもよい」「訓練をまじめにやることは恥ずかしい」「自分の身近で大きな自然災害が起こることはない」と油断して軽く考える意識も芽生えてくる。本時の導入では，教師が「災害が身近で起こるはずはないと思っている人は，正直に手をあげてみて」と問いかけることで，生徒が主体的に問題解決的な学習を行うための意欲づけを図りたい。

❷個人→班→学級全体へと広げる

　問題解決的な学習では，避難訓練を軽く見ている主人公の亘と親友である達也はどうするべきかを考える。まずは，避難訓練中と直前の二人の様子から問題点は何かを考える。ここでは，だれもが二人のような行動をしてしまう可能性があることも押さえ，より身近なこととして，生徒が問題解決的な学習に取り組めるようにする。

　二人はどうするべきかを話し合うときには，個人，班，学級全体と徐々に学習集団を大きくし，教師が効果的に深めの発問を投げかけることで，生徒が自分の考えを深めていくようにする。生徒が避難訓練の意義を理解し，節度を守り，節制した訓練にするための道徳的判断力が育つとともに，日頃から安全な学校生活を送ろうとする意識が高まるようにする。

◆指導案◆

（1）　**主題名**　節度を守り節制に心がける
（2）　**教材名**　避難訓練（丹羽紀一作）
（3）　**ねらい**　避難訓練の心構えができていない亘と達也の軽率な言動について考える活動を通して，避難訓練で適切な行動をとろうとする道徳的態度を養う。
（4）　展開の大要

	学習活動	ねらいにせまる手立て	生徒の反応
導入	○避難訓練を行う意義を考える。	・生徒がとらえている避難訓練に対する素直な考えを引き出す。 ・災害が身近で起こるはずはないと思っている生徒に挙手を促す。	・地震などの災害から身を守るために行う。 ・心の中には，災害など起こらないという気持ちが潜んでいる。
展開	◇教材を範読する。 ○亘と達也の問題は何かを考える。 ○亘と達也は，この後どうするべきかを班で話し合う。 ○亘と達也はどうするべきかを学級全体で話し合う。	・亘と達也の言動は訓練の雰囲気を壊し，今後災害が起こるときの対策にならないことを押さえる。 ・個人で考えた後に，班で話し合い，段階的に考えを深めていくようにする。 ・深めの発問として，「災害が起こることは稀であり，残暑ならあのような言動は仕方がない」「安藤先生は訓練後に，どうしてあのような話をしたのか」と投げかける。	・訓練に対する心構えができておらず，雰囲気を壊す言動がある。 ・亘と達也は，すぐに学級全員に謝るべきだ。 ・油断すると，災害が起こったときに，とっさの対処ができない。命を落とすことにもなる。 ・二人は，今後の学校生活でも安全に気をつけるべきだ。
終末	○再び，避難訓練を行う意義を考える。 ○教師の説話	・避難訓練の意義について，本時を通して深まった自分の考えを書いたり話したりするように声をかける。	・いざというときに自分や仲間の命を守るためには，訓練は必要だ。

（5）　**評価**　避難訓練の意義を深く理解し，節度をもって適切に訓練を行おうとする意欲と態度をもつようになったか。

◆授業の実際◆

教材の概要 主人公の亘が通っている中学校は地震災害に対する意識が高く，総合的な学習の時間でも防災について学習している。ところが，全校生徒が緊張感をもって避難訓練に取り組む中で，亘と親友である達也は，心構えができずに緊張感のない言動をとってしまう。訓練後，2人は，学級担任である安藤先生の切実な話を聞きながらうつむくのであった。

❶導入

本時の教材で扱う「避難訓練」を行う意義について考える。生徒は小学校のときから数えきれないほどの避難訓練に取り組んでおり，「地震などの災害から身を守るため」「いざというときに備えるため」と当たり前のように答えるだろう。

そこで教師が「ところで，災害が身近で起こるはずはないと思っている人は，正直に手を挙げてごらん」と生徒に問いかける。すると，ニヤニヤしながらも多くの生徒が手をあげ始める。手をあげた生徒の何人かに理由を聞いてみる。生徒は「あまり地震を経験したことがないから」「海や川から遠くて水害もほとんどない」などと答える。

教師の「たしかに『自分の身の回りにだけは災害は起こらない』という気持ちはどこかにあるかもしれない。今日は，避難訓練はどうして行うのかを改めて考えてみよう」と述べて展開に入る。

❷展開

教師による教材の範読を聞いた後，早速，問題解決的な学習に取り組む。

まずは，主人公の亘と親友である達也の言動で問題だと考えることを出し合う。生徒からは次のような考えが出されるであろう。

・昼休みには，「マジ面倒くさい，グランドに避難する方が危険」「地震が起きても何とかなるから，訓練も適当にやろう」などと，避難訓練を軽く考える発言をしていた。
・亘は，安藤先生の関東大震災の話を真剣に聞いていない。
・地震発生中に机に潜っているときに目が合ってにやりと笑っていた。
・グランドへの移動中は，口にハンカチをあてずにサッカーの話をしていた。

ここでは，亘と達也の言動は決してよいことではなく，避難訓練の緊張した雰囲気を壊してしまうものではあるが，一方で，二人のような言動をしてしまうことはだれにでもあることを押さえるようにする。

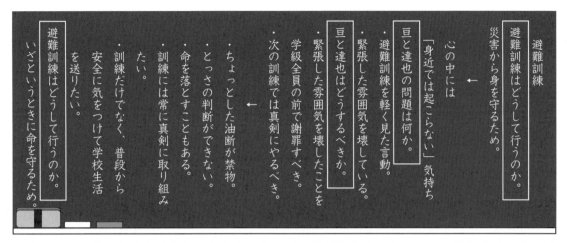

　次に，この後亘と達也はどうしたらよいか，その結果どうなるかについて話し合う。まずは，個人で考えた後に，班で話し合う。生徒からは，「亘と達也の言動は，緊張した雰囲気を壊した。実際に災害が起きたら，大変になる」「次の避難訓練では，しっかりとやらなければならない」といった意見が出されるだろうが，これでは考えが深まったとは言えない。

　そこで，深めの発問として，教師が「災害が起こることは稀であり，残暑ならあのような言動は仕方がないのではないか」「安藤先生は訓練後に，どうしてあのような話をしたのだろう」と投げかける。そうすることで，生徒からは，次のような深まりのある考えが出される。

- ちょっとした油断が禁物である。油断していると，災害が起こったときにとっさの判断や対処ができない。そのことで自分や他人の命を落とすことにもなりかねない。
- いざというときに備えて，常に真剣に訓練に取り組むことが，いざというときの迅速な動きにつながる。
- 避難訓練だけでなく，普段から安全に気をつけて，落ち着いた学校生活を送ることが大切である。

❸終末

　導入で問いかけた「避難訓練」の意義について再び問いかけ，本時を通して深まった自分の考えを書いたり話したりする時間としたい。生徒からは，「ついつい気が緩んでしまうこともある避難訓練だが，いざというときに自分や仲間の命を守るためにも，やはり避難訓練は必要だ」といった考えが出てくる。

　教師の説話では，東日本大震災や阪神・淡路大震災，生徒が住む地域に近い地域で発生した自然災害の新聞記事を適切に取り上げたり，教師の実体験を話したりすることで，避難訓練における「節度，節制」の意識を高めていくようにする。

避難訓練

前半 亘の中学校では，毎年4月と9月に避難訓練が行われている。亘が住む地域は，長年大きな地震が発生する可能性があると言われ続けており，総合的な学習の時間でも防災について学んでいる。したがって，全校生徒の地震災害に対する意識は比較的高く，4月にも緊張感のある訓練が行われていた。

ところが，亘にとって9月の訓練は，中学校に入学してから行った過去3回の訓練とは少し違ったものとなった。今年の夏は残暑が厳しく，9月になっても日中は30度を超える暑さが続いていた。少し動くだけで汗がにじみ出てきて，授業に集中することも難しかった。5時間目に訓練を控えた昼休み，亘は同じサッカー部に所属し，学級も一緒の親友達也と，今夜行われる日本代表戦についての話で盛り上がっていた。話の途中，亘はふと訓練のことを思い出し，
「今日の避難訓練，マジ面倒臭いよな。こんな暑い中，グランドに避難する方が危険だよ。」
と言った。達也も，
「地震なんて，いつ起こるかわからないし，もし起きても何とかなるでしょう。今日の訓練も適当にやっておけばいいさ。」
と言葉を返した。2人は，顔を見合うと大声で笑った。

そして，5時間目になった。担任の安藤先生から，防災の日が約100年前に発生した関東大震災にちなんでいることや避難経路の確認などの話があった。亘は（そんな話はわかりきっているのに…。）と，心の中で思っていた。

教頭先生の全校放送で，避難訓練が始まった。途中，地震発生中は頭を隠すように机の下に潜りなさいという指示に従った亘と達也だったが，たまたま目が合ったときに，にやりと笑みを浮かべていた。
「地震は治まりましたが，理科室から出火しています。全校生徒は，煙を吸わないようにグランドに避難してください。」

教頭先生の放送により，グランドへの移動が始まった。全校生徒は，煙を吸わないように，ハンカチで口をふさいで，校内を整然と移動していった。亘と達也の学級も，学級委員が先頭となり，移動を開始した。
「亘，今夜の日本代表戦，数少ないチャンスを確実に生かさなきゃ勝てないよな。」
突然亘に，背後から達也が話しかけてきた。
「達也，今は話したらやばいよ。」
と，亘は言ったが，達也は，
「ちょっとぐらい，大丈夫だろ。安藤先生だって気づいていないし。」
と言い返した。結局，口にハンカチをあてることもやめて，ときには笑いながら，サッカーの試合の話を続ける2人であった。

後半 　グランドへの避難を終え，校長先生の話を聞いた後，各学級に戻り，訓練を振り返る時間となった。まずは，学級委員が学級全体の様子についての話をした。
　そして最後に，安藤先生が口を開いた。
「甚大な被害と犠牲者を出した東日本大震災。特に，津波による災害は悲惨なものでした。そんな中，海から近いある中学校と小学校は，過去の津波災害での教訓を生かし，常に真剣に取り組むことを大切にして訓練を積み重ねていたそうです。また，先生の指示に従うだけでなく，自分で判断・行動する訓練もしていたそうです。その結果，児童・生徒，約570名が迅速に避難して，全員生き延びることができたそうです。一方で，店や乗り物で火災や事故が起きたときに，店や会社の安全に対する意識が足りなかったことで，多くの客の命が失われてしまったというニュースを聞くこともあります。実は，私の小学校からの親友は，昨年，火災に巻き込まれて命を落としてしまった。今日のみんなの避難訓練に対する心構えはどうだっただろうか。」
　亘と達也は，安藤先生の言葉をうつむきながら聞くのであった。

(丹羽紀一作)

◆ワークシート◆

Q．亘と達也の言動で問題だと思うことは何か。

Q．亘と達也は，この後どうするべきか。

〈自分の考え〉 ⇒ 〈班の仲間の考え〉

〈学級の仲間の考え〉

(丹羽 紀一)

3 内容項目A−(3)向上心，個性の伸長
教材名：山中伸弥

柳沼良太の"ココ"がおススメ！

　生徒は日常生活でも多くの困難にぶつかり，ときに挫折してしまうこともある。そのときすぐにあきらめてしまう生徒もいれば，向上心をもって乗り越え，個性を伸ばしていく生徒もいる。この授業は，山中教授のような先人の例を参考にしながら，いかに生きるべきかを考えられる点で有意義である。また，自らの長所を高めるとともに，レジリエンス（回復力）を鍛えることもできる。生徒が自分の夢を実現するために，多くのヒントを与えてくれる授業である。

―◆本時の問題解決的な学習のポイント◆―――――――

❶自分と向き合う時間をつくる

　生徒は日常的に自らの中に課題を見出し，それを達成しようと努力している。その課題は勉強，部活，係活動，性格など様々なものであるが，困難な課題に立ち向かうために向上心は必要不可欠である。本時の授業で向上心をもち続けることのよさを学び，自らの弱さを「のびしろ」ととらえ，前向きに自らの弱さに立ち向かうことができるようになってほしい。そのために導入では弱さを「のびしろ」と言い換え，終末では，『私たちの道徳』を活用し，自分と向き合い，自分の長所や改めたいところをどうすればいいか考える時間にしたい。

❷向上心と自分の弱さの対立を考える

　本教材では山中さんが限界の状態になり，精神的に追い詰められて鬱になってしまう。そこで，山中さんの立場になって「ここでどうしたらよいか」を考えていきたい。「自分ならどうするか」と問いかけることで，「努力し続けるべきであることはわかっているが，自分だったらあきらめてしまう」という，向上心と自分の弱さの対立にかかわる考えを引き出す。向上心をもち続けることの難しさを見出させる。

　その後，教材の後半を範読し，山中さんのよさを考える。「自分の願いに向かって努力し続けたこと」は，前半の問題解決的な学習で自分の弱さと対立した向上心のあらわれであることに気づかせることで，自らの弱さに負けず，前向きに取り組み続けることのよさを伝えたい。

◆指導案◆

（1） **主題名**　向上心
（2） **教材名**　山中伸弥（柳沼良太作）
（3） **ねらい**　困難な状況でどうすべきかを考えることで，向上心のあり方を理解し，自分の長所や弱さと向き合い，乗り越えようとする意欲を養う。
（4） **展開の大要**

	学習活動	ねらいにせまる手立て	生徒の反応
導入	○向上心について考える。	・弱さを後ろ向きにとらえるのではなく，前向きにとらえる必要があることに留意する。	・弱さに打ち勝つ心。 ・あきらめない心。
展開	◇前半を範読する。 ○山中さんが挫折したとき，何が問題だったかを整理する。 ○どうしたらよいかを考える。 ◇後半を範読する。 ○山中さんはなぜ成功できたのかを考える。	・願いをもって努力をし続けてきたのに，何度も挫折してしまい，非常に辛く，投げ出したい気持ちであったことを押さえる。 ・解決策とその理由を分けて板書に位置づけることに留意する。 ・生徒たちが考えた解決策と，山中さんの解決策には共通点があることを押さえる。	・挫折をしても努力をしつづけたのに，思うようにいかず，辛い。 ・自分の願いを達成して，人を助けるためにも，続けるべきだ。しかし，自分ならあきらめてしまうかもしれない。 ・自分の願いに向かって努力し続けたこと。
終末	○私たちの道徳の41頁に長所や改めたいところを記入する。 ○教師の説話を聞く。	・机間指導では，生徒たちの記入した内容を認めるとともに，さらに具体的な内容になるように問いかけたり，指導をしたりする。 ・先生も多くの挫折を味わいながら何とかやってきたと語る。	・自分の目指す高校があるけれど，怠けてしまうときがある。向上心をもって，時間を決めるなどして頑張りたい。

（5） **評価**　自分の長所や弱さと向き合い，向上心をもって問題を考え判断できたか。

◆授業の実際◆

教材の概要　山中さんの輝かしい成功の影には、たくさんの挫折があった。学生のころは柔道やラグビーでよくけがをしたので、けがを治せる医者を目指した。しかし、あまりに手術が下手なため医者になる夢を断念した。その後、興味をもった医療の研究でも、環境が整わず鬱になってしまった。しかし、あきらめずにビジョンをもって努力をし続けることで、ノーベル生理学・医学賞をつかむことができた。

❶導入

導入では、「向上心という言葉についてどんな印象をもっていますか」と問いかける。生徒からは「自分の弱さを克服しようとしたり、目標を目指そうとしたりする心」という考えが出るだろう。教師はさらに「その弱さは、あってはいけないものだろうか」と問いかける。生徒は「だれにでもあるし、あってはいけないものではないけれど、そのままではよくないと思う」と言う。弱さは「のびしろ」でもあることを伝え、決して悪いものではないと確認し展開に入る。

❷展開

教師が教材の前半（「もう限界だな…じゃないかなと。」まで）まで範読した後、「このとき、山中さんはどんなことに困っているのだろう」と問いかけ、問題状況を把握する。

生徒からは、「人の命を救いたいと思って臨床医になって、自分に向いていないと思い、挫折をした。でもその後にもう一度勉強をし直して、人の3倍も頑張ったのに、今度は環境が悪くて研究を続けたくなくなって、本当に辛い気持ちだと思う」などの発表がある。研究が思うように進まずに先が見えない状況について、辛さや投げ出したい気持ちを抱えているところを理解する。こうした問題状況について、以下のように板書してまとめる。

・山中さんは、難病を治したいという願いから、臨床医より研究医の道を選んだ。
・アメリカで研究に必死に取り組み、他の人より3倍は研究を頑張った。
・日本に戻ってから、思うように研究を進めることができず、あきらめかけている。

次に教師は、「山中さんは今大変な状況になってしまっています。こんなとき、みんなはどうすべきだと思いますか」と生徒に問いかける。まずは、個人でワークシートに書き込む。その次に、班交流に移り、お互いの意見を聞き合いながら、班で1つの解決策にまとめる。

生徒からは「向上心」と「自らの弱さ」が対立した考えが出てくる。「最後まで向上心をもって頑張ったら、どうなるだろう。逆に、途中で投げ出してしまったら、どうなるだろう」と

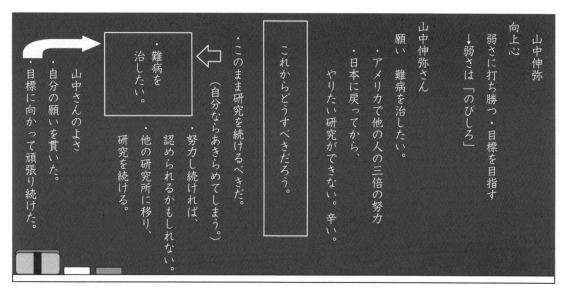

問いかける。

　生徒からは「今の研究を昔と同じように努力し続けて頑張れば，その努力が認められて予算もつくかもしれない」などの肯定的な意見が増えてくる。こうした「向上心をもって頑張る解決策」と「すぐにあきらめて投げ出す解決策」を見比べ，その結果も踏まえてどうしたらよいかを考え議論する。

　展開後段では，後半を読み上げた後，「山中さんはなぜ成功できたのだろう」と問いかける。生徒からは「常に向上心をもち続けたこと」「頑張って挑戦したこと」「自分の願いを貫いたこと」という考えが出てくる。教師はそれらを板書に整理したうえで，「みんなが考えた解決策にも，山中さんと同じように自分の願いを貫いたり，目指したりする心があったんだね」と投げかけ，生徒たちのもつ向上心を認め，励まし，勇気づけたい。

❸終末

　本時の終末では，『私たちの道徳』の41頁を開き，「自分の中にある『良いところ』『改めたいところ』」を記入する時間をとる。机間指導を行い，生徒たちの考えを認めたうえで，「どのようにこれに取り組んでいこうと思いますか」「具体的に何を頑張っていこうと思いますか」と問いかける。具体的なアドバイスをして，生徒の考えをより具体的なものとしていく。

　生徒からは山中伸弥さんの話を参考にしつつ，「自分は目指している高校があるけれど，勉強に集中することができず，すぐに他のことをしてしまうことがある。これからは時間を決めて，その間だけは頑張れるようにしていきたいと思う」「自分は部活の練習で苦しいときもあるけれど，選手として活躍できるようこれまで通り努力を続けて練習に取り組んでいきたい」などと意見を発表し合う。互いに健闘を祈り合い，励まし合いながら授業を終える。

（加納　一輝）

山中伸弥〜たくさんの挫折や失敗から生まれた偉大な成功

前半　2012年に京都大学教授の山中伸弥さんは「成熟細胞が初期化され多能性をもつことの発見」により，50歳の若さでノーベル生理学・医学賞を受賞した。輝かしい成功にみちた人生のようだが，山中さんは人生を振り返り，決して順調だったわけではないと言っている。「いっぱい失敗してほしい。9回失敗しないと，なかなか1回の成功が手に入らない。私自身もそうだった」。

山中さんは，小さいころから算数や理科を勉強するのが大好きだった。でも，勉強ばかりしていたわけではなく，中学校のころは柔道に一番力を入れていた。小さいころ，山中さんは細身で弱々しい体つきだったので，お父さんから「そんなヘナヘナの体じゃ，あかん。柔道でもせぇ」といわれた。柔道部では毎日，練習にあけくれ，中学3年には初段，高校2年には二段になった。大学に入ると柔道に加えてラグビーにも熱中した。

こうした柔道やラグビーで年に1度は骨折し，合わせて10回以上も重いけがをしていた。そのため，山中さんは病院によく通うようになった。そして「自分もいつかスポーツのけがを治してあげられる整形外科の医者になろう」と考えるようになった。

大学の医学部を卒業した後，山中さんは国立大阪病院に研修医として勤めた。最新のすばらしい設備がそろった病院でトレーニングを積むことができると，とても喜んでいた。しかし，山中さんはあまりに手術が下手で，指導する先生から厳しく叱られていた。うまい先生がやると20分で終わる手術が，山中さんがやると2時間もかかった。先生からは，「おまえはホントじゃまや。ジャマナカめ」と言われていた。

そのうち，山中さんは整形外科の医者に向いていないのではないかと悩むようになった。そのころ，山中さんはリウマチの女性患者を担当していた。全身の関節がみるみるうちに変形する病気を目の当たりにして，強いショックを受けた。こうした難病で苦しむ患者たちのために，なんとか難病を治す方法を見つけたいと考え，基礎医学を研究することにした。

1989年に山中さんは大阪市立大学大学院の薬理学専攻に進学した。大学院の研究では仮説を立て，それが正しいかどうかを検証するために実験を繰りかえし行った。はじめは，血圧を下げる原因を調べる実験だった。山中さんの立てた仮説は外れたが，予想外の結果になった原因を考えることに心から興奮した。これをきっかけに，山中さんは研究の世界に大きな魅力を感じるようになった。

次に，山中さんが取り組んだのは，特定の遺伝子をはたらかないようにするノックアウト・マウスをつくることだった。これを本格的に学ぶために，1992年にアメリカにあるグラッドストーン研究所へ博士研究員として留学した。そこで出会ったのが，研究所の所長ロバート・メーリー博士である。メーリー博士は山中さんに次のように語った。

「若いころの伸弥にビジョン（夢）とハードワーク（努力）について話をしました。大きな

夢をもたねばならない。それを実現させるためには，一生懸命働くことが必要だ」。

　山中さんは研究者として，また人間として成功するために，メーリー博士からの教えを心にしっかり刻み，こう述べている。「グラッドストーンでぼくはほかの研究者の3倍は働いたと思います」。

　およそ3年半後に帰国した山中さんは大阪市立大学医学部の助手になった。ここで山中さんはアメリカの研究環境とのあまりの差に，がっかりした。研究費があまりに少ないうえに，研究の時間も十分にとれなかった。実験用に使うネズミでさえも自分ですべて世話をしなければならなかった。山中さんは「自分が研究者なのかマウスの世話係なのかわからなくなった」と言う。こうして山中さんは鬱になってしまい，こう呟く。

　「もう限界だな…。ほそぼそとした研究でほそぼそとした成果を出すだけだったら，決して臨床の役にたたないんじゃないかな…」。

　後半　このころ，山中さんは1999年に奈良先端科学技術大学院大学に助教授として採用された。そこではアメリカの研究所に劣らない，すばらしい研究環境をそなえていた。

　「私は2回挫折している。臨床医を逃げ出し，今度は研究者も逃げ出そうとして，幸運にも研究者を続けたというタイミング。それだったら，他の人がやりたいと思っても挑戦できないことをやろうと思いました」。そこで山中さんは，体の細胞からあらゆる組織になることができる万能細胞（ES細胞）をつくろうとした。

　山中さんは2003年ごろから成果を論文として発表することができた。そこでは，マウスのES細胞にとって大切な遺伝子を24まで絞り込むことができた。この成果を人間の治療に生かすためには，ヒトのES細胞を使って実験する必要があった。そこで，2004年にヒトES細胞の実験をするために京都大学の再生医科学研究所へ移った。2006年には4つの遺伝子で体細胞を初期化できることがわかり，ES細胞のような増殖力と分化多能性をもつマウス人工多能性幹細胞としてiPS細胞をつくることに成功した。2007年にはヒトiPS細胞（人工多能性幹細胞）をつくり，世界的な注目を集めた。いま，山中さんはたくさんの患者さんのiPS細胞をつくって，心臓や胃腸などを再生するための治療に役立てたり，病気の原因を明らかにして新しい薬をつくったりすることに取り組んでいる。

　このように山中さんはたくさんの失敗や挫折をしながらも，難病で苦しむ患者を救うために，薬理学から分子生物学，がんの研究，ES細胞の研究までいろいろなテーマを追って地道な努力を続けた。そして，ついにiPS細胞をつくり出すことに成功し，ノーベル賞を受けることになったのである。

（参考文献）『山中伸弥先生に，人生とiPS細胞について聞いてみた』，講談社，2012年。
　　　　　2012年10月8日（月）のNHK News Watch 9より一部引用。

4 内容項目Ａ－(4)希望と勇気，克己と強い意志
教材名：やらない理由

柳沼良太の"ココ"がおススメ！

　班長という責任ある仕事に勇気をもって挑戦するか，それとも今のまま安逸に過ごすかで判断に迷う問題である。この授業では「勇気」や「克己心」をもつことの大切さを理解させるだけでなく，どうすれば班長としてメンバーを統率できるかを考え議論することもできる。メンバーを不快にせず，さわやかに指示を出す方法，率先垂範で動きリーダーシップを発揮する方法などを考えることは，実際の日常生活で係活動や班活動を行う際にも役立つことだろう。

──◆本時の問題解決的な学習のポイント◆──────────────

❶問題場面をきちんととらえる

　よりよく生きるには，よりよく生きる目標を立て，それに挑戦し続けることが大切である。しかし，その挑戦が失敗続きになると自信がなくなり，目標に挑戦しようとする意志も薄れていく。目標を立て，それに挑戦しようと思うためには，目標に取り組む勇気や，不安な自分に負けない強い意志が必要である。本教材の前半では，主人公が自分を変えたいと願い，班長に立候補しようかどうか迷う。ここでは，班長に立候補するかどうかが問題ではない。失敗を恐れ，立候補する一歩を踏み出す勇気がもてず，言い訳ばかりしていることが問題なのである。

❷「どうすればいいだろう」で考える

　まず，主人公の中でどのような見解が対立しているかを考える。そこでは，「挑戦する勇気をもつことができず，いつもやらない理由を考えてしまう弱い自分」と「弱い自分を変え，泉さんのように積極的になりたいと願う自分」という見解が対立していることを明らかにする。その後で「どうすればいいだろう」と問いかけることで，不安に負けずに勇気をもって挑戦することや，自分の願いをもち続ける強い意志をもつことの大切さをとらえさせる。

　また，教材の後半では泉さんとの会話から新しい班長像が見えてくる。このように多面的・多角的に班長の役割を考え，それを行った際の結果を予想することで，自分を成長させるために責任ある役割に挑戦してみようとする意欲をはぐくむことができる。

◆指導案◆

（1） **主題名** 挑戦する勇気

（2） **教材名** やらない理由（加納一輝・柳沼良太作）

（3） **ねらい** 目標に対して不安があるときにどうしたらいいか考えることによって，よりよい生き方を目指し勇気をもって挑戦しようとする道徳的意欲を養う。

（4） 展開の大要

	学習活動	ねらいにせまる手立て	生徒の反応
導入	○「失敗」について考える。	・失敗をするのは嫌だという意識はだれにでもあるということを押さえる。	・できればしたくない。 ・失敗をすると恥ずかしい。
展開	◇教材を範読する。 ○主人公は何で悩んでいるのだろうか。 ○対立している気持ちについて，なぜその気持ちが湧いたか考える。 ○主人公はどうすればいいかを考える。 ○自分を成長させるためにはどうすればいいかを考える。 ○私と泉さんの違いは何かを考える。	・主人公には自分をよりよくしたいという願いがあるが，失敗を恐れ，不安であることにより挑戦することができないことを押さえる。 ・「自分が主人公の立場だったら，班長に立候補することができるだろうか」と問う。 ・勇気をもって挑戦したり，強い意志をもち続け，自分の願いを果たしたりする考えを促す。 ・班長のスタイルはいろいろあることに気づかせる。	・立候補して弱い自分を変えようとする気持ちと，それをすることへの不安を感じる弱い気持ちがぶつかっている。 ・失敗をするのが怖いから。 ・班長に立候補するかどうかが問題だ。 ・勇気をもって班長に挑戦するしかない。 ・他の役割で自信をつけてから挑戦する。
終末	○教師の説話を聞く。 ○今後の生活でどのように生かすかを考える。	・失敗を恐れず，勇気をもって挑戦することに価値があることを押さえる。	・失敗は勇気をもって挑戦した証なので，恥ずかしいと思うことはない。

（5） **評価** 勇気や強い意志をもって挑戦しようとする道徳的意欲をもつことができたか。

◆授業の実際◆

教材の概要 主人公である私は，常日頃から積極的な自分になりたいと願っていた。そんな中，前期に班長だった泉さんの気遣いに触れ，後期の係決めでは班長に立候補しようと考え始めた。しかし，挑戦する勇気がなく，係決めの日が近づくにつれて立候補しない理由を考えていた。ある日，私は班長の泉さんに声をかけて班長の役割を尋ねた。泉さんにとって班長とは，みんなの頑張りを応援する役割であり，目標に向かってメンバーをまとめる役割だった。

❶導入

まず，生徒の興味や関心を高めるために，教師は「成功と失敗についてどのような印象をもっていますか」と問いかける。生徒からは「成功は楽しくハッピーだが，失敗は気分が悪く嫌なもの」といった意見が出る。また，その理由を問いかけると，生徒からは「成功すれば自慢できるけれど，失敗すると恥ずかしい」「失敗すると努力した意味がなくなる」という経験に基づく思いが出てくる。成功と失敗はだれにでもあることを学級で共有した後で，展開に入る。

❷展開

教師が教材の前半を読んだ後，主人公の葛藤を把握するために，「主人公である私は，何に悩んでいるのでしょうか」と問いかける。ここで生徒からは「自分が変わりたいという願いで立候補しようとしていたけれど，実際に班長になってその役目を果たせるか，そもそも班長になれるのかということへの不安がぶつかっている」という考えが出てくる。

次に，教師は「ここでは何が問題になっているだろうか」と問いかける。生徒からは「自分自身を変えるために，係決めで班長に立候補するかどうか」が問題であるという考えが出てくる。こうした問題点を以下のように整理する。

係決めで班長に立候補するかどうか	
・自信がない自分を変えたいという願い	・挑戦することへの不安
・泉さんのよさへのあこがれ	・失敗が怖い
・自分への嫌気から，自分を変えたい	・周りからどう思われるかが不安

（中央に「VS」）

整理した問題を振り返りながら，「私はこの後どうすればよいだろう」と問いかける。生徒からは「不安だけれど，いつまでもそのままだと何も変わらない」「泉さんに班長の心得を教えてもらう」などの考えが出て，立候補をした方がいいという雰囲気が高まってくる。

そこで教師は，「自分が主人公の立場だったら，どうするだろう」と問いかける。この際，

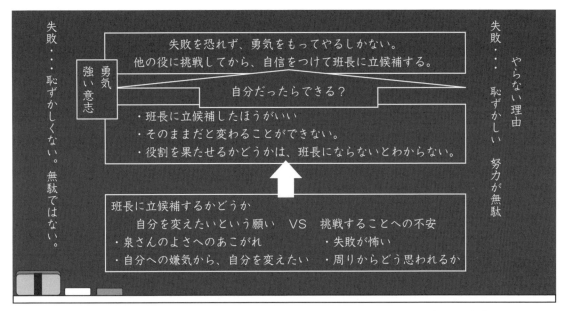

　グループ交流を取り入れると，生徒たちは「不安はあると思うけれど，自分を変えたいのなら失敗を恐れず勇気をもってやるしかない」「すぐに班長に立候補するのは怖いから，他の係や役職を引き受け，自信をつけてから班長に立候補したら…」という第三の解決策も出てくる。教師が「これまで成功してきたときはどうだった」と問いかける。生徒たちは「勇気を出して頑張ってみた」「班のメンバーから助けてもらった」という経験を語り合った。教師はこれらの意見を板書にまとめ，挑戦する勇気や強い意志の大切さを強調する。

　展開後段では，教材の後半を読む。教師は「ここでの私と泉さんの違いは何だろう」と問いかける。生徒は「私は班長がメンバーを従わせる強い人だと考えているが，泉さんはみんなの頑張りを応援するような人であり，お世話係くらいに考えている」「私は班長を重く考えているけれど，泉さんはいたって自然な感じでメンバーに接している」と分析する。

　教師が「この後，私はどうすればよいだろう」と聞くと，生徒からは「あまり気張らず，メンバーを仲良くまとめていけばいい」「勇気をもって班長になれば，意外とうまくやれるかも。注意する際も相手に気遣いをすることが大事」などの前向きな意見が多く見られた。

❸終末

　教師の説話では，「成功や失敗などの結果ではなく，失敗を恐れず挑戦する勇気が大事である」と伝える。生徒に「本時の学習で何を学んだか，これからの生活でどのように生かしていくか」を尋ねる。生徒からは「失敗を恐れず挑戦することの大切さを学びました。これからは勇気をもって挑戦して，自分の目指す姿に近づきたいです」「班長の仕事も見方を変えると，やりがいがあり自分を成長させてくれるものだ。自分も恐れてばかりいないで，みんなの役に立つような役割に挑戦してみたい」のような考えが出てくる。

（加納　一輝）

やらない理由

前半

　後期に入り，今週の金曜日には係決めがある。私は，どの係になるか今までで一番迷っていた。それは前期，私の班の班長だった泉さんの存在があるからだ。

　泉さんはいつも班員に気を配り，呼びかけをしたり，授業中でも積極的に挙手をして発表したりと，優しくて，素敵な人だった。私にもよく気を遣ってくれ，私の集配係の仕事を手伝ってくれたこともある。私はそれがとても嬉しかった。それをきっかけに，私はだんだんと「班長」という職に憧れを抱くようになってきた。

　私は自分に自信がもてず，嫌気がさしていた。テストの点こそよかったが，泉さんのように挙手をしたり，周りの人に声をかけたりする勇気はなかった。「静かにして」と呼びかけをしたら，周りにどう思われるか，不安で仕方がない。「あいつ，なんか言っているぞ」「あいつもしゃべっているときがあるのに，何を言っているんだ」なんて思われるのが怖いからだ。ときどき，勇気を出して呼びかけをしようとしたが，不安でどうしても声が出なかった。結局，自分はそこまでの人間なんだ。そう思うと，また辛かった。

　ただ，そんな自分を常日頃から変えたいと願っていた。
（班長になったら，私も泉さんみたいになれるのだろうか……。）
　そう考えると，より一層班長に立候補をしたくなった。班長になって，自分を変えてやる。自分に自信をもちたい，そう思った。

　ところが，だんだんと金曜日が近づくにつれ，班長に立候補しようとする気が小さくなってきた。反対に，班長になることへの不安がどんどん大きくなっていった。わざわざ班長にならなくても，余った係や楽な係を選べば，このままの生活を送れる。第一，立候補して落選でもしたら，それこそ周りにどう思われるか，不安でたまらない。そうだ，別に無理してやることはない。今まで通り，他の係にしよう。そんな嫌いな自分がたくさんでてきた。

　でも……。このまま何もせずに通り抜けていたら，自分が変わらないことはわかっていた。それだけに，やらない理由を探して自分を安心させていることが辛かった。

（文：加納一輝）

>後半

　私は休み時間に廊下を歩いていた泉さんに声をかけてみた。
「泉さんって，いつも班長の役割を果たせて，すごいよね。」と言うと，泉さんは
「そんなことないよ。みんなが頑張っているのを応援しているだけだから」と答えた。
　そんな泉さんの言葉に私は正直，驚いた。

「でも，班長ってみんなのリーダーだし，自分の言うようにみんなを引っ張っていくものでしょう。みんなを従わせるのは，大変じゃない」と尋ねた。
　泉さんはしばらく考えるような仕草をした。
「私にとって班長は，みんなが自分の力を発揮できるようにお手伝いするような役割だよ。決して人を従わせる偉そうな人じゃないわ。」
　今度は私がしばらく考える番だった。私は班長ならみんなを従わせて，代表として振る舞う人だと思っていたのに，泉さんの考える班長はいたって自然な感じなのである。

　私はふと疑問をもった。「でも，みんなが騒いでいるときは，班長として『静かにして』と言わなければならないでしょう。そんなときは，きつく注意しなければならないじゃない。」
　それを聞いて泉さんは笑いながら頭を振って言った。
「もちろん，大事なことを伝えるときは，静かにしてとみんなにお願いするけどね。それはみんなのためでもあるでしょう。集団で活動するときは，目標を達成するために，ときにルールを守ることも大切でしょう。だから，迷惑な行為には毅然とした態度で注意もするわよ。それはそれでみんな，わかってくれるんじゃないかな…。」
　それを聞いて，私は再び考え込んだ。私にとって班長とはみんなを統率して，立派に仕切るようなタイプの人だった。しかし，泉さんにとっての班長とは，とても自然でみんなをまとめるお世話係のようなタイプだった。だから，泉さんの言うことはみんな素直に聞き入れるのかしら…そんなふうにも思えてきた。

　私は泉さんにお礼を言って別れた後，もう一度，班長に立候補しようか考え始めた。班長は決して特別な存在ではなく，メンバーの頑張りを認め励ましたり，目標を明らかにしたりしてメンバーをまとめていく人なのだ。私は少し肩の力が抜けるのを感じ，新しい自分を求めて挑戦してみたくなった。もう「やらない理由」は必要ないと私は感じた。

（文：柳沼良太）

5 内容項目A－(5)真理の探究，創造
教材名：ネットの記事

柳沼良太の"ココ"がおススメ！

　情報モラルに関連した問題解決に取り組む授業として有意義である。生徒はインターネット上の情報に間違いがあるとは知りながらも，信じ込みやすい傾向がある。そこで，ネット上の情報で友人間にトラブルが生じた事例を取り上げ，考え議論する展開にしている。
　ネット・トラブルは様々であるため，展開後段では別の事例を取り上げて汎用力を養う。こうした体験的な学習を取り入れることで，日常生活における道徳的実践力を高めることができる。

◆本時の問題解決的な学習のポイント◆

❶情報モラルと関連させる

　本時は，ネットの情報の信憑性に関する問題解決的な学習に取り組み，真実を求め，真実を大切にするという道徳的価値を学ぶ授業である。言うまでもなく，生徒は情報化社会の中で生活しており，自分が欲しい情報はインターネットを通してすぐに手に入る時代である。しかし，ネット上には様々な情報があふれており，悪意のある偽りの情報もある。
　本時の学習を通して，生徒には「真実は何か」を常に見極めながら，正しい情報を取捨選択して，ネット社会でもよりよく生きていけるようになってほしい。

❷現代的な課題を多面的・多角的に話し合う

　主人公の香織は，大好きなミュージシャンと家族を誹謗中傷する内容のネットの記事を，信憑性を確かめないまま友達に話し，そのミュージシャンのファンである琴音から怒りや不信感を買ってしまう。問題解決的な学習では，香織はどうすればよかったかを考える。ここでは，ネットの情報が真実か否かを確かめるべきだという解決策が出される。そこで，もし誤った情報かもしれないと思ったときには，どう対応すべきか多面的・多角的に考えられるようにする。展開の後半では，本時で学ぶ道徳的価値と中学生に頻繁に起こるメールやSNSに関するトラブルを「すれ違い」と結びつけ，友達からもらったメールやSNSの内容で疑問や不満があるときには，真意を直接相手に確かめることの大切さについて考えたい。

◆指導案◆

（1） **主題名** 真実を求めて
（2） **教材名** ネットの記事（丹羽紀一作）
（3） **ねらい** ネットの記事の信憑性を確かめずに不用意な行動をとる主人公はどうするべきだったのかを考える活動を通して，真実を見極める道徳的判断力を養う。
（4） **展開の大要**

	学習活動	ねらいにせまる手立て	生徒の反応
導入	○インターネットに掲載されている記事をすべて信じるか。	・最近あった事実に関するネットの記事と教師が作成した事実ではないネットの記事を提示することで，生徒が本時の学習内容に課題意識をもちやすいようにする。	・きっと責任をもって掲載しているはずだ。 ・偽りのある情報もあるということを聞いたことがある。
展開	◇前半を範読する。 ○ここでの問題は何かを考える。 ○香織は，この後どうすればよいのかを考える。 ◇後半を範読する。 ○他の情報モラルを学ぶ。	・香織は記事の信憑性を確かめていないこと，香織の行動に対して，琴音は不信感を抱いていることを確認する。 ・深めの発問として，「あなたは，ネットの記事のすべてを信用するのね」という琴音の言葉に注目するように声をかける。 ・後の香織の行動を確認する。 ・まずは，どんな情報モラルを知っているかを生徒に聞く。 ・本時の道徳的価値と関連するメールやSNSの気持ちのすれ違いについて触れる。	・香織は記事の内容を信じ込み，友達に話している。琴音はその行為に腹を立てている。 ・ネットの記事が正しいかを確かめるべき。 ・誤った記事ならば友達や琴音に謝罪すべき。 ・個人情報の保護，著作権や肖像権の尊重等。 ・友達からのSNSの内容で，疑問や不満があるときには，直接確かめたい。
終末	○今後の生活でどのように生かせるかを考える。 ○教師の説話	・本時の教材の内容に近い経験がある生徒には，できるだけ具体的にどう生かしていくか考えるとよいことを伝える。	・ネットの記事や友達からのSNS等の文に疑問点があれば，真実を明らかにしたい。

（5） **評価** ネット・トラブルに際してどうしたらよいかを考える場面で，信憑性を確かめ，真実を見極めながら道徳的判断ができたか。

◆授業の実際◆

教材の概要 主人公の香織は，大好きなミュージシャンとその家族を誹謗中傷するネット記事を見た。香織はその内容を信じ込み，翌日の学校で友達に記事の内容を伝え，ファンをやめようと話していた。そのとき，香織と同じくそのミュージシャンのファンである琴音がすごい剣幕で怒り，「あなたは，ネットの記事のすべてを信用するのね」と捨て台詞を吐き，その場を去った。不安になった香織は，記事について調べ直し，信憑性を確かめていった。結局，記事の内容は真実ではないことがわかった。

❶導入

教師が，最近あった事実（事件などのニュース）に関するネットの記事を生徒に見せて，「インターネットに掲載されている記事ですが，これを信じますか」と聞く。大部分の生徒は信じると答える。その理由として「記事を出す側も責任をもって載せているから」と答える生徒もいる。

次に，教師が作成した事実ではないネットの記事（例えば，「〇〇中学校閉校」や「〇〇市が日本の首都になる」）を生徒に見せて，「このネットの記事を信じますか」と問いかける。生徒は信じないと答えるだろう。中には，「ネットの記事には間違った内容のものもあると聞いたことがある」と答える生徒もいる。このような教師と生徒のやりとりを通して，生徒が本時の学習内容に課題意識をもちやすいようにしてから，展開へと入る。

❷展開

教師が教材の前半を範読した後，問題解決的な学習に取り組む。
まずは，解決すべき課題を見つける。ここでの問題は，次に示すことである。

・香織が，大好きなミュージシャンとその家族を誹謗中傷するネットの記事を，信憑性を確かめないままに信じてしまうこと。
・香織が，信憑性のない記事の内容を友達に広めていること。
・そのような香織の行動に対して，そのミュージシャンのファンである琴音は怒り，「あなたは，ネットの記事のすべてを信用するのね」と言って立ち去ったこと。

ここでは，香織は記事の信憑性を確かめないまま友達に記事の内容を話していること，香織の行動に対して琴音が不信感を抱いていることが解決すべき問題であることを確認する。

次に香織は，この後どうすればよいのかを考える。まず生徒は，自分の考えを書くところから始める。その際には，自分ならどうするかという視点や過去の自分の経験と照らし合わせて

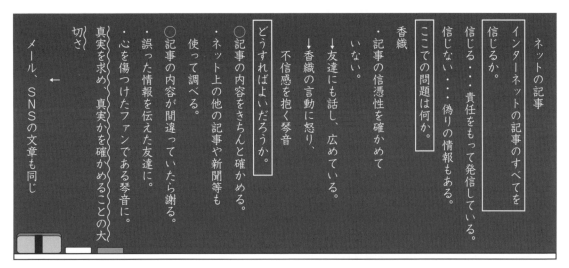

書いてもよい。全体交流では，次のような生徒の考えが出される。

- ネットの記事の内容が本当に正しいものなのかを，もう一度きちんと確かめるべき。
- ネット上の他の記事や，新聞など他の情報伝達手段も使って調べるとよい。
- もし，ネットの記事の内容が正しいものではなかったときには，誤った情報を伝えてしまった友達や琴音に謝るべき。ファンである琴音の心は傷ついているだろう。
- 今回のできごとを反省して，今後は記事の信憑性をきちんと確かめてから，他の人に伝えていくようにする。

　学級全体での解決策の検討が終わった後には，教師による教材後半の範読を聞き，香織はどのように問題を解決していったかを確認し，自分たちの考えと比較する。

　最後に，他の情報モラルの問題を取り上げる。生徒は個人情報の保護，著作権や肖像権の尊重，プライバシーの侵害などをすでに学んでいるので，ここでは本時の道徳的価値と関連して，生徒間のトラブルとなりやすいメールやSNSで意思疎通ができなかった事例について触れる。最終的に様々なメディアで真実を確かめた香織のように，友達からのメールやSNSの文章で疑問や不満を感じたら，その真意を直接相手に確かめることが大切だということを話し合う。

❸終末

　今日の授業は今後の学校生活のどのような場面で生かせるかを考える。香織と似たような経験や友達とのメールやSNSでのやりとりでトラブルを経験している生徒もいる。そのような生徒は，自分の経験と本時の学習内容を結びつけて，できるだけ具体的に考えていけるようにする。教師の説話では，戦争や災害でも真実を正しく伝えたネット記事や新聞記事もあれば，誤った情報を世間に広めた記事もあることを紹介する。

（丹羽　紀一）

ネットの記事

　ある日の夜，夕食を終えた香織は，自分の部屋に入り，インターネットを見ていた。香織の趣味は音楽を聴くことである。この日も，大好きなミュージシャンのホームページや動画サイトを楽しんだ。

　そろそろ明日の宿題をやろうと決心し，インターネットのサイトを閉じようとしたとき，あるサイトにそのミュージシャンについての記事が載っていることに気づいた。（あれ，どんなことが書いてあるのだろう）。香織がその記事をよく見ていくと，ミュージシャンとその家族を誹謗中傷する内容であった。（そんな…。こんな人だったなんて。家族の人もどうかしているわ。今までどうして応援していたのだろう）。香織はその記事を見た後，そのミュージシャンを応援することをやめようと思った。

　翌日の学校で，香織は同じクラスの友達に記事の内容を話した。どの友達も，香織と同じように，信じられない，音楽を聴いていたことを後悔している，もうファンをやめようと，口々に言っていた。そんなとき，琴音が香織のところに近づいてきた。琴音はものすごい剣幕で，
「その記事の内容についての証拠はあるの？」
と怒ってきた。琴音もそのミュージシャンの大ファンであり，香織とは彼の話題で盛り上がることもしばしばあった。香織は，
「ネットに書いてあった。」
と反論した。琴音は，
「あなたは，ネットの記事のすべてを信用するのね。」
と捨て台詞を吐き，その場を去ってしまった。

　琴音の言葉を聞き不安になった香織は，帰宅後，再度そのミュージシャンのことについて調べ直すことにした。検索サイトに彼の名前を入れて検索したところ，多くのページが出てきた。たしかに，前日に香織が見た記事と同様の内容もあったが，その記事に対して反論する記事や異なった見方をする記事もそれ以上にあった。

　彼女は，翌日に家族と一緒に行った喫茶店でも，雑誌や新聞をくまなく見て，記事の内容に信憑性があるかどうかを確かめていった。香織の結論は，「最初に見た記事の内容は，事実と異なる」であった。

　結局，香織が最初に見た記事の内容は，真実ではないことがわかった。琴音には謝罪し，彼女とは以前のようにそのミュージシャンの話で盛り上がるようになった。

（丹羽紀一作）

◆ワークシート◆

　　　　　　　　　　　　　　　　　　　　　月　　日　名前

教材名：ネットの記事

Q．インターネットに掲載されている記事をすべて信じるか。

| 答え | 理由 |

Q．香織は，この後どうすればよいのだろうか。

〈解決策の結果〉

| 解決策 |
| 理由 |

⇒

Q．メールやSNSについて，先生の話を聞いてどう思うか。

Q．今日の道徳で学んだことを，今後の生活でどのように生かせるか。

6 内容項目B−(6)思いやり,感謝
教材名:放課後の教室で

柳沼良太の"ココ"がおススメ!

　友達と受験勉強を一緒にしようとした際に生じたトラブルを取り上げている。ささいな心のすれ違いだが,こうした問題を放置しておくと,友達を失うこともあるので,生徒にとっては一大事になる。主人公と友達の都合や心の機微を理解し,どうすればよいかを生徒たち自身の生活経験から考え,解決策を導くことは有意義である。実際の授業では,意外なほど生徒が熱心に語り合い,現実で実践し得る方法を提案し合っていたのが印象的であった。

―◆本時の問題解決的な学習のポイント◆――――――

❶自己中心的な行動について考える

　生徒たちは,学校をはじめとする社会生活を送るうえで,思いやりの心をもち,感謝の気持ちを表すことが大切であることはわかっている。また,自らの生活の中で思いやりの心に触れ,喜びを感じた経験もあると考えられる。しかし,それらのことがわかっていても,他人の気持ちを考えられず,自己中心的な行動をとってしまうことがある。

　本教材では,主人公である美里が,部活の手伝いを理由に一緒に勉強ができなくなった春香を一方的に責めてしまうところに問題がある。美里の立場になり,春香の事情や気持ちを考えながら,自他の関係をどのように調整するかが課題となっている。

❷どう行動すればよいか考える

　導入では,仲間はどのような存在であるかを考える。展開の問題解決的な学習では,美里の心の葛藤をとらえ,何が問題であったかを明確にしたうえで,放課後の教室で迷っている美里がこの後どう行動すればよいかを考える。友達の春香を責め続けるやり方もあれば,謝って仲直りするやり方もある。その結果も考えながら,具体的に判断できるとよい。その際に配慮すべきこととして,「美里が自分の気持ちを話し,春香の気持ちも聞く」「美里も春香の部活を手伝いに行く」など,第三の解決策も考えていく。この授業を通じて,相手の気持ちを思いやりながら,気持ちのよい人間関係を築けるようにしたい。

◆指導案◆

（1） **主題名** 思いやりの心

（2） **教材名** 放課後の教室で（加納一輝作）

（3） **ねらい** ともに過ごす仲間との関係は，思いやりの心でつながっていることを理解し，思いやりの心をもって適切な行動を実践する道徳的判断力を養う。

（4） **展開の大要**

	学習活動	ねらいにせまる手立て	生徒の反応
導入	○仲間はどのような存在であるかを考える。	・終末で振り返りをすることに留意しながら，自分にとって仲間がどのような存在であるかを想起させる。	・一緒に遊んだり，勉強したりする存在。 ・自分にとってかけがえのない存在。
展開	◇教材を範読する。 ○美里は何を悩んでいるのだろう。 ○何が問題になっているかを考える。 ○自分が美里だったらこの後どうするかを考える。	・美里は，勉強に身が入らず，テストの結果も思うようなものではなかったことから，春香と一緒に勉強したい気持ちが強くなっていることを押さえる。 ・補助発問として「春香には一緒に勉強したい気持ちはなかったのだろうか」と尋ねる。 ・深めの発問として，「春香の立場だったら，どうしてもらえると助かるだろう」と尋ねる。	・春香のためというよりも，自分が春香と勉強したいからという自己中心的な考えである。 ・美里は春香の立場を考えず，自分の思いだけを通そうとしたことが問題。 ・謝る。・何もしない。 ・互いの気持ちを話す。 ・部活を手伝って，時間をつくる。
終末	○今日の学習を振り返り，今後の生活でどう生かしていくかを考える。	・自らの生活と結びつけて，相手の立場を思いやりながら，現実的に問題解決することの大切さを理解できるようにする。	・相手の立場や都合を考えたうえで，友人として思いやりのある行動をしていきたい。

（5） **評価** 相手の立場や都合を考え，その状況に応じて相手を思いやりながら問題を解決する判断ができたか。

◆授業の実際◆

教材の概要 高校受験を控え，勉強に集中しなければいけない大切な時期に，主人公の美里とその親友の春香は図書室に残って勉強することにした。その成果は順調に上がり，成績も上がっていった。そんな中，春香は部活の手伝いに呼ばれてしまう。春香が居なくなり，勉強に集中できなくなった美里は，春香に強い口調で「部活に行くの，やめなよ」と言ってしまう。

❶導入

まず，「みなさんにとって仲間はどのような存在ですか」と問いかける。この問いに生徒たちは自身の生活経験とかかわらせて，「一緒に勉強したり，遊んだりする存在です」「かけがえのない存在です」などと発言する。

こうした仲間とのかかわりについて想起させたうえで，「これから読む教材に登場する美里と春香は仲間であり親友です。しかし，今回は困ったことが起きました。仲間とのかかわり方について考えてみましょう」と言って展開へ入る。

❷展開

教師が教材を読み終えた後に，「美里は何を悩んでいるのだろう」と問いかけ，美里の心の中にある葛藤をとらえさせる。生徒からは「最近春香と一緒に勉強できなくなったことや，それによってテストの成績が思うようなものではなかった不安」「春香のためではなく，自分の都合のために受験勉強を理由にしたことへの後悔」などの考えが出てくる。

次に，「ここでは何が問題になっているのだろうか」と発問する。生徒からは「美里が，春香が元部長として責任感をもって部活に行っている事情を考えず，自分だけの思いを通そうとしていたことが問題である」「受験勉強はしなければいけないので，春香も部活にばかり行っているのはよくないかもしれない。でも美里は春香のためを思って助言したのではなく，自分のために受験勉強を口実にしているところに問題がある」という考えが出てくる。

そこで，教師が「春香の方は，美里と勉強をしたくなかったのだろうか」と問いかける。生徒からは「春香も美里と一緒に勉強をしたがっているけれど，元部長としての責任もあるから仕方なかった」と発言する。ここまでの話し合いをまとめ，問題点を以下のように整理する。

- ・2人とも受験勉強はしなければならない。
- ・美里は，春香と勉強できなくなり，成績が上がらないことに不安がある。
- ・春香は，一緒に勉強をしたいが，元部長としての責任も感じている。
- ・美里が，春香の事情を考えずに自分の思いだけを通そうとしたことが問題。

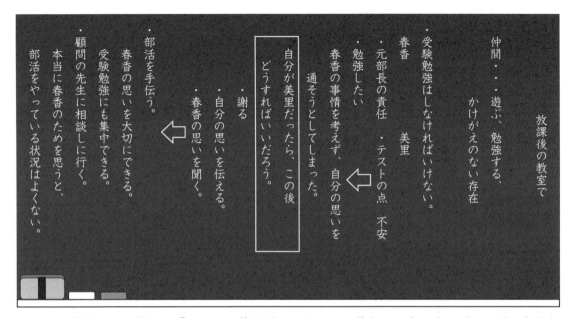

　展開の後半では、教師が「みんなが美里だったら、この後どのようにすればいいだろう」と問いかける。まず個別に考え、それをワークシートに書く。そして、それぞれが自分の意見をもった状態でグループ交流を行う。ここでお互いの意見について発表し議論して、自分が参考になった意見や方法をワークシートに書き足しておく。それを踏まえ、最後に全体交流を行う。

　グループの話し合いでは、①「春香に謝る」②「部活を手伝わないように説得する」③「春香の気持ちを聞く」に分かれた。①の「謝る」では、教師が「何をどのように謝るのか」を尋ねたところ、生徒からは「一方的な物言いで春香を傷つけたことを素直に謝る」と返答した。

　②の「部活を手伝わないように説得する」では、教師が「そうするとどうなるか」を尋ねた。生徒は「自分たちは勉強に専念できてよい。でも部活の方が心配だな……」と不安をこぼした。

　③の「春香の気持ちを聞く」のところでは、可逆性の原理で、「もし自分が春香の立場だったら、どのようなことをしてもらえると助かるだろう」と問いかけた。すると、第三の解決策として、「美里も部活を少し手伝えば、春香の元部長としての思いも大切にでき、早く一緒に受験勉強することもできる」「担任や部活の顧問の先生にも相談して、春香が勉強と部活を両立できるような方法を探る」などの意見も出た。

❸終末

　終末では、導入で想起させた仲間の存在を振り返り、授業で学んだことを踏まえて今後どのように生活していくかを考える。生徒からは「仲間の立場になって、自分にできることを考えて、行動していきたい」といった意見が出てくる。教師は、生徒の仲間を思いやる発言を認めるとともに、人間は自分本位の考えにとらわれてしまう弱さがあるため、本時に学んだ思いやりの心を忘れないよう伝え、今後の生活に生かせるように促した。

（加納　一輝）

放課後の教室で

　帰りの会が終わり，チャイムが鳴る。それぞれが帰る準備を済ませ，しばらくの雑談を楽しんだ後，そのほとんどが帰路につく。私が荷物をまとめていると，廊下の方から私を呼ぶ声が聞こえた。
「美里，今日も図書室に残ってく？」
　2つ隣のクラスの春香だった。3年生も後半に差し掛かり，高校受験が迫ってきていた。しかし部活を引退してからというもの，どうも家に帰ってもなんとなく気が抜けてしまい，勉強が手につかない。そこで小学校からの付き合いで，部活も同じだった親友の春香に，図書室に残って一緒に勉強しないか，と誘ったのだ。春香も同じ悩みを抱えていたようで，一緒に勉強しよう，ということになった。今日は，春香の方が早く帰りの会が終わったようで，呼びに来てくれたのだ。
「うん，そのつもり。でも係の仕事が残ってて。すぐ終わるから少し待ってもらっていい？」
「はーい。じゃあ廊下にいるね。」
　実際に受験勉強は順調に進み，先日のテストもいい調子だった。

　日が暮れるころ，下校の予鈴が鳴った。
「もうこんな時間か。春香，帰ろうか」
「そうだね。今日は結構いい感じだったなぁ。」
　帰り道は，昔のことや，お互いの悩み，ふとしたできごとなどを思いつくままに話した。お互いにこの時間が好きだった。2人とも同じ高校を目指しているので，頑張って一緒の高校に通えるように勉強しよう，高校に行ってからも，たくさん楽しいことをしよう，と励まし合った。

　そんな日が続いたある日のことだった。帰りの会が終わり，荷物をまとめて春香の教室へ行く。
「春香，図書室行ける？」
「あ，ごめん。そうしたいんだけど，部活の手伝いを頼まれちゃって，今日は行けない。」
「そっか，了解。頑張ってね。また明日。」
　そういえば春香は部活の元部長だったなと思い返した。その日を境に，春香と図書室に行く回数は減っていった。すでに引退したはずなのに，どうして部活の手伝いをするのだろうと思った。ただ，面倒見のいい春香のことだ。元部長として，どうしても頼まれたら断れないのだろう。そう思うことで私は納得しようとした。しかし春香がいない日は，あまり勉強が手につかない。仕方のないことなのに，どこかで納得ができない自分がいた。

そんな中，テストがあった。成績は上がってはいたが，まだまだ足りない。春香はどうなんだろう。そう思いながら放課後，私は春香の教室へ行った。
「春香，テストどうだった？」
「うーん，微妙だった。まだ足りないや。」
「私も，そんな感じ。今日は図書室，行ける？」
　春香は少し考えた後，
「ごめん，今日も部活に呼ばれて…。」
　春香は複雑な顔をして答えた。私は胸が締めつけられるような思いがした。いつもなら「そっか。」と返事ができるのに，
「引退したんだから，部活に行くの，やめなよ。」
と，つい強い口調で言ってしまった。しばらくの沈黙が続いた後，春香が絞り出すように声を出した。
「そんなこと，わかってるよ。」
　そして私を残したまま，春香は教室から出ていってしまった。

　その日，家に帰ってからも，私は春香の言葉が頭から離れなかった。何かをして，気を紛らわせようと思ったが，どうしても手につかない。春香が部活を大切にしていたことは，同じ部活だった自分が一番よく知っている。でも，私も春香も勉強はしなければいけないじゃないか…。しかし，私は春香のためを思って言っている，と自分に言い聞かせているだけで，私は本当に春香のためを思って，部活に行くのをやめるように言ったのだろうか。私だけの気持ちをぶつけて，春香を傷つけてしまったのではないか…。謝らなければ，でも，許してもらえなかったらどうしよう。そう思うと，後悔しかなかった。春香は同じクラスではないから，教室に行かなければ会うことはない。このまま卒業することもできる。でもやはりそれは嫌だった。このまま春香と話せなくなると思うと，また胸が締めつけられるような思いがした。
　次の日の放課後。私はまだ，迷っていた。

(文：加納　一輝)

7 内容項目B－(7)礼儀
教材名：足りなかった一言

柳沼良太の"ココ"がおススメ！

　対人関係では，たった一言が足りないために大きなトラブルが生じることもある。お互いに尊重し合い，敬意を形で示すことが礼儀となって表れる。この授業では，雪道で自転車にうまく道を譲れないときに，何をどのように言えばよいかを考え議論する。

　この場で「足りなかった一言」とは何だったか，「本当の礼儀」とはどのように振る舞うことなのか，これからの生活で求められることは何かを考えられる授業である。

◆本時の問題解決的な学習のポイント◆

❶相手を尊重した言動を考える

　生徒は，普段の生活で自然にあいさつを交わしている。また，人から親切にしてもらったときには，感謝の気持ちをあいさつや言葉で表現している。ところが，照れる気持ちやその場の状況によっては適切な言動をとることができない場合もある。

　本教材では，主人公である「私」は残雪がある道路で道を譲りたくても譲れない状況にあり，女の子は何らかの事情があり帰宅を急いでいる状況にある。しかし，お互いに自分の状況を冷静に伝えることができずにいる。互いが感情的になり，礼儀の基本である相手を尊重した言動ができていないことがトラブルのもとになっている。

❷問題を乗りきる方法を考える

　問題解決的な学習では，「私」と女の子がこの問題を気持ちよく乗りきるためには，どうすればよいかを考えていきたい。まずは，「私」は女の子の態度に怒り，女の子は「私」の態度に混乱し，互いが相手を尊重できていない状況であることを確認する。そして，「私」と女の子のそれぞれが，相手を尊重するためにはどうしたらよいかを考える。生徒からは「自分が置かれている状況をきちんと説明する」「相手の気持ちを思いやり，感情的にならないための言動を考える」などの解決策が出される。本授業を通して，その場の状況に左右されることなく，礼儀の基本である相手の気持ちを尊重した言動をとることが大切であることを学びたい。

◆指導案◆

（1） **主題名** 適切な言動
（2） **教材名** 足りなかった一言（出典：『道しるべ1』正進社）
（3） **ねらい** 相手を尊重し，敬愛する気持ちを言葉遣いや態度で表すことが礼儀であることを理解し，時と場合に応じた適切な言動を行う道徳的判断力を養う。
（4） **展開の大要**

	学習活動	ねらいにせまる手立て	生徒の反応
導入	○人に礼儀正しくした経験やそのときに困った経験を振り返る。	・礼儀正しくすることは大事なことだが，場所や時をわきまえないと困ることがあることを確認する。	・あいさつし合う。 ・相手に礼をする。 ・敬語をうまく話せず，困ることがある。
展開	◇前半を範読する。 ○私が自転車のベルを聞いた場面では，何が問題になっていますか。 ○私と女の子はどうすればよいか。 ○役割演技を行う。 ◇後半を範読する。	・譲りようがない状況なのに，せき立てるベルの音に，私が苛立っている点を理解する。 ・怒った態度の私を見て動揺する女の子の気持ちを押さえる。 ・互いに相手を尊重できていない状況であることを確認する。 ・私と女の子のそれぞれが，相手を尊重できる方法を考える。 ・私と女の子がとるべき方法をペアで役割演技する。 ・人を思いやる心をもち，その気持ちを伝えるあいさつや一言が礼儀であることを押さえる。	・私は女の子の態度に怒り，女の子は私の態度に混乱している。 ・私も女の子も，冷静に自分の状況や気持ちを伝えるべきだ。 ・互いに相手の気持ちを考えることが大切だ。 女の子役「先に通らせてください」 私役「申し訳ないが，雪で動けないんだよ」 ・人を思いやる言葉がけが礼儀なのだ。
終末	○今後の生活でどう生かしていくかを考える。 ○教師の説話を聞く。	・生徒が，時と場合に応じて，相手の気持ちを尊重，敬愛した言動をしていこうとする思いをもてるように声をかける。	・相手の気持ちを尊重しながら，自分の気持ちを伝えていくようにしたい。

（5） **評価** 相手の気持ちを尊重，敬愛し，時と場合に応じた道徳的判断ができたか。

◆授業の実際◆

教材の概要 雪が残る夜道を自転車で帰宅していた私は，道を譲りたくても譲ることができない状況にある。一方で，私を追い越したいと思い，後ろからせきたてるようにベルを鳴らす女の子がいる。私は怒気を抑えて後ろを振り返り「あんた！」と言う。驚いた女の子は「ちがいます。ちがいます」と意味不明なことを言う。2人は暗い雪道で立ちすくんだ。

❶導入

まずは，生徒の興味や関心を高めるために礼儀について話し合う。

教師が「最近の生活で，人に礼儀正しく振る舞った経験はありますか」と問いかけた。生徒からは「毎朝，近所の人や友達にあいさつをしています」「先生や学校訪問者など目上の人には礼をして敬語で話します」などと発言する。

そこで，教師が「礼儀正しく振る舞おうとして困ったことはありませんか」と尋ねた。すると，生徒は「場所や状況に応じて礼儀作法は変わるので，困ることがある」「とっさに敬語が話せなくて，何も言えないことがある」などと発言する。1名の生徒が「思わぬ人から思いがけずに親切にしてもらったときに，どうしてよいか困ることがある」と発言した。

気持ちのよい人間関係や社会生活の秩序を維持するために，人が守るべき言動が礼儀である。しかし，礼儀は時と場所と状況で変わってくるため，よく考える必要がある。本時は，こうした状況に応じた礼儀について考えていくことを学級全体で確認した。

❷展開

教師が教材の前半を範読した後，後ろからせき立てるような自転車のベルを聞いた場面で，「何が問題になっているか」と問いかける。生徒は，「私」の立場から「後ろから急にせき立てるようなベルを鳴らされたことが問題」「道を譲りたくても譲れない状況なのにベルを鳴らされたら不快になる」と発言した。次に，女の子の立場から問題を考える。生徒からは「急に怒気を抑えた顔で後ろを振り向かれたらびっくりするし怖い」「怒らせるつもりはなかったので，戸惑っている」「怒らせてしまったから困っている」という発言が出た。

ここまでの場面でどのようなことが道徳的な問題なのかを板書しながら確認していった。

- ・私は，女の子が後ろからせき立てるようにベルを鳴らしたことに対して怒っている。
- ・女の子は，私が怒っていることに対して混乱している。
- ・両者とも理由があるのに，冷静な気持ちで相手に接していない。
- ・互いが嫌な気持ちになっている。

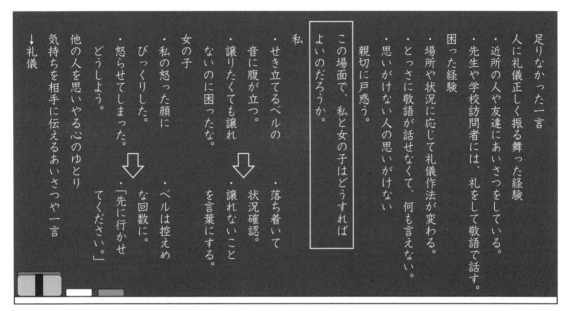

次に，私と女の子はどうすればよいかをグループで話し合い，全体で発表した。

生徒からは「主人公の『私』はいきなり『あんた……』と言うのではなく，落ち着いて後ろを確認すればよい」「譲りたい気持ちはあるが譲れない状況であることを，女の子に説明する」という考えが出された。女の子に対しては，「急ぐ理由があったかもしれないが，雪の中の細道なので，スピードを控えるとよかった」「『すみません，先に行かせてください』と言えばよかった」「ベルを何度も鳴らさず，控えめな回数にすればよかった」という考えが出された。

最後に，解決策を吟味しながら，ペアで役割演技をしていった。

女の子　女の子は，ベルを１回だけ鳴らすようにする。急いでいる状況ならば，私に対して「すみません，先に行かせてください」と言葉で伝える。

私　　　まずは落ち着いて後ろの状況を確認する。「雪があって道を譲りたくても譲れないんだよ。あまりベルを鳴らさないでくれないか」と女の子にきちんと説明する。

女の子　無理なのが理解できたら，「失礼しました。それなら結構です」と答える。

他の人を思いやり，その気持ちを相手に伝える一言が「本当の礼儀」であることを確認した。

❸終末

授業で学んだことを，今後の生活でどう生かしていくかを考えた。生徒からは，「自分の仕事を手伝ってもらったときや授業でわからない問題を教えてもらったときなどに，必ず『ありがとう』という言葉をかけることが，対人関係をよりよく築くことにつながると思った」「これからは相手の気持ちを考えながら，自分の気持ちを伝えていきたい」といった意見が出た。

教師の説話では，筆者が中学生のときに，照れる気持ちが大きくて他の人からの親切に「ありがとう」という言葉が言えず，後悔している経験を話した。

(丹羽　紀一)

8 内容項目 B −(8)友情, 信頼
教材名：僕の親友, 加奈

柳沼良太の"ココ"がおススメ！

　思春期にある中学生にとって異性を理解し，仲良く協力し合うことは，難しいが関心の高いテーマでもある。異性の友達と仲良くしたい気持ちがありながら，同性の友達もいる手前，正直になれない葛藤がある。こうした問題は，生徒も照れながらもじっくり考えたがっている。男女混合の4人グループで話し合うことを通して，異性との考えの違いや共通点を見出し，異性の友達と仲良く協力し合う人間関係づくりをする機会にもなる点で有意義である。

◆本時の問題解決的な学習のポイント◆

❶「私たちの道徳」を効果的に活用する

　導入の場面では，生徒は『私たちの道徳』の66頁を読んで，「男女の協力」について気軽な雰囲気で感想を交流する。そして，男女が仲良くすることは照れることもあるが，それでも本当は異性と仲良く協力したいと考えていることを確認する。このことで，生徒が本時で取り上げるテーマを自分たちの現実的な問題ととらえて，意欲的に取り組めるようにする。

　展開後半の場面では，生徒は『私たちの道徳』の67頁で「互いをよりよく理解するために」を見ながら自分の考えを書き，その後には話し合い活動を行う。展開前半の問題解決的な学習を通して深めた本時の主題「異性の理解」にかかわる道徳的価値を，日常生活の実践に生かしやすくするためのスキル学習ととらえたい。

❷主人公のこの後の行動を考える

　問題解決的な学習では，友達から冷やかされたことをきっかけに，異性である加奈と気まずい関係となった主人公の僕（祐介）が，この後どうすればよいのかを考える。加奈との関係がうまくいかなくなった後，僕には同性の新しい友達ができ，十分な学校生活を送ることができている。それでも，異性間においても同性間と同様に，相手の個性やよさを理解し認め合い，互いが向上していく関係を築くことが，より互いを成長させることにつながることを，問題解決的な学習を通して生徒が実感できるようにしたい。

◆指導案◆

（1） **主題名** 異性の理解
（2） **教材名** 僕の親友，加奈（丹羽紀一作）
（3） **ねらい** 異性の特性やよさを認めて互いへの理解を深め，成長し合える関係を築いていこうとするための道徳的判断力を養う。
（4） **展開の大要**

	学習活動	ねらいにせまる手立て	生徒の反応
導入	○『私たちの道徳』の66頁を読んで感想を交流する。	・異性に対する本音を話すことができる雰囲気づくりをする。 ・本当は異性と仲良く協力したい考えがあることを確認する。	・男女が協力することはなかなかできない。 ・異性と仲良く協力したい考えはある。
展開	◇前半を範読する。 ○ここで何が問題になっているかを考える。 ○僕はこの後どうすればよいのかを考える。 ◇後半を範読して議論を深める。 ○『私たちの道徳』の67頁の「互いによりよく理解するために」を見て話し合う。	・僕と加奈は互いを理解し高め合える関係だったが，今は関係が崩れていることを確認する。 ・個人で考え，グループで考え，学級で話し合い，様々な解決策を考えていく。 ・「同性の友達がいるなら，このままでよいのでは」と尋ねる。 ・僕が文末で述べていることの意味を考えるようにする。 ・異性に対しても，相手の個性やよさを理解し認め合い，互いを向上させる関係を築くことが大切であることを押さえる。	・僕と加奈はよい関係だったが，冷やかされて気まずくなった。 ・互いが成長するために関係を築き直したい。 ・「あっちに行けよ」と言った僕の方から加奈に歩み寄るべきだ。 ・異性に対するこういう見方っていいな。 ・異性の理解に努め，互いのよさを見出し，よい関係を築きたい。
終末	○授業の感想を述べ合う。 ○教師の説話	・男女の考えを交流することで，より成長できるという気持ちをもてるようにする。	・異性のことを正しく理解して，協力し合える関係になりたい。

（5） **評価** 異性の特性やよさを認め，互いを理解し，成長し合える関係を築く道徳的判断ができたか。

◆授業の実際◆

教材の概要 主人公の僕（祐介）と加奈は，小学校のときから互いを理解し合い，高め合う関係であった。中学1年生でも同じ学級となった2人は安心し，勉強を教え合ったり，互いの部活動の様子を語り合ったりしていた。ところが，同級生から冷やかされたことで2人の関係は気まずくなってしまう。そんな状態に悩み，もやもやしていた僕だったが，ある日の下校中に，けがをしてうずくまる加奈に声をかけた。そのことがきっかけになり，元通りに話せる関係に戻った。僕は男子，加奈は女子だが，僕たちはかけがえのない親友であると僕は思うようになった。

❶導入

教師が，『私たちの道徳』の66頁の文章を読み，生徒が感想を自由に話す時間をとる。

生徒からは，「『異性の特性や違いを受け止めた上で相手を理解し尊重し合うこと』は，必要だと思う」「『小学校の頃とは違った意識で，互いを見始め，気になって仕方ないこともある』というところが心に残った」「男女が仲良く協力したい気持ちはあるが，なかなかできない」といった考えが出る。導入では，異性に対する本音を話すことができる雰囲気をつくり出すとともに，本当は異性と仲良く協力したい考えがあることを確認する。

❷展開

生徒は，教師の前半の範読（最初から，僕が加奈に「あっちに行けよ」と言った場面まで）を聞く。そして，問題解決的な学習に取り組む。

まず，主人公の僕（祐介）が，困っている状況として以下の諸点を確認する。

- 僕と加奈の，小学6年生のときからのよい関係は，中学1年生になっても続いていた。
- 僕と加奈は，勉強を教え合ったり，部活動の様子を交流したりする関係であった。
  ↓　ところが，同級生から冷やかされることにより
- 次第に疎遠となり，僕には新しい男子の友達ができた。
- 僕は「本当は仲良くやりたいのに」「この状態が続いていいのか」と思っている。
- 加奈に「あっちに行けよ」と言ってしまった。冷たい態度をとり続けている。

ここでは，僕と加奈は互いを理解し高め合える関係だったが，今は関係が崩れていることを確認する。

次に，「僕はこの後どうすればよいか」を考える。生徒にとって現実的な問題であるため，個人から班，学級と話し合う学習集団を広げ，様々な解決策を考えていくようにする。

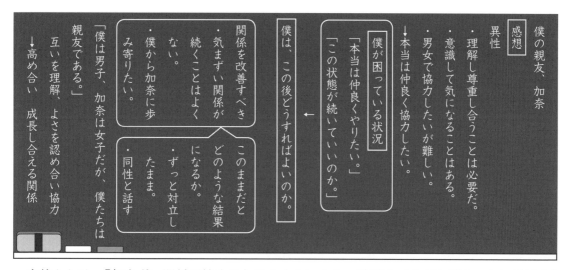

　生徒からは、「気まずい関係が続くことはよくないから、改善すべきだ」「『あっちに行けよ』と言った僕の方から加奈に歩み寄るべき」という関係改善に積極的な考えが出る。一方で、「僕には新しい男子の友達ができて、楽しく学校生活を送っているのだから、別によいのではないか」「加奈にも、きっと新しい女子の友達ができている」と、関係改善に消極的な意見も出てくる。そこで教師が、「このままだとどんな結果になるかな」と発問を投げかける。生徒からは「充実した中学校生活のためには異性の友達も必要だ」「学級の中で互いが成長していくためには、異性のこともきちんと理解して、支え合ったり励まし合ったりできる関係を築くべきだ」といった考えが出される。

　次に、教材の後半を読んで、僕がどのように問題解決をしていったかを確認する。そして、最後の「僕は男子、加奈は女子だが、僕たちはかけがえのない親友である」の意味を考える。異性を過剰に意識して、異性を避けたり、興味本位な言動に走ってしまったりすることがある生徒からも、「変に異性を意識せず、自然に振る舞うことが大事」などの意見が出る。

　最後に、『私たちの道徳』の67頁にある「互いによりよく理解するために」を読んで話し合う。異性の好きなところや嫌なところはあるが、すべての異性にあてはまることではなく、同性にもあてはまる場合がある。生徒からは、「できるだけ互いのよいところを見ていき、互いに励まし合い、高め合う関係を築いていくことが大切である」という考えが出される。

❸終末

　授業の感想を述べ合う時間をとる。生徒からは、「僕も主人公のように女子に対して失礼な態度をとっていたが、これからは歩み寄り、自分がさらに成長していけるようにしたい」「私は、男子と話すことが恥ずかしかったけれど、男子も女子も同じ人間なので、必要以上に意識せずに、協力して活動していきたい」といった意見が出た。教師の説話では、教師自身の中学校時代の経験を語り、数年後の同窓会における心温まるエピソードを紹介する。（丹羽　紀一）

僕の親友，加奈

　僕と加奈は，小学6年生のときに初めて同じクラスになった。卒業を控えた最後の席替えでは隣の席となり，班も同じとなった。中学校入学を控え，ずいぶん難しくなった勉強では，わからない問題を教え合ったり一緒に考えたりしていた。卒業前の愛校作業では，低学年のころ，よく遊んでいた一輪車の倉庫が汚れていることに気づき，2人で進んで掃除をした。そのことは，校長先生にもほめていただいた。休み時間には，互いの趣味の話やテレビ番組の話で盛り上がった。そして，僕たちは小学校を卒業した。

　中学一年生でも，僕たちは同じ学級となった。そして，偶然にも，再びとなりの席，同じ班となった。新しく始まる中学校生活，新しい学級に対して，期待以上に不安を抱いていた僕と加奈は，とても安心し，2人で喜んだ。僕たちは小学校のとき以上に，勉強に生活に一生懸命取り組んでいた。休み時間には，互いが入部した部活動の様子などを話したりして楽しく過ごした。

　ところが，入学して2週間が経った後，僕と加奈の関係は一転した。同じ学級のある2人から，冷やかされたのである。

「お前ら，いつも仲がいいよな。付き合っているんじゃないの。」

「授業中も，2人で引っ付き合って勉強していてアツアツだな。」

（勉強を教え合っていただけなのに，付き合っているなんて。恥ずかしい……。）僕は，顔を赤らめ，その場から立ち去った。

　このことをきっかけとして，僕と加奈は，気まずい雰囲気になってしまった。今までのように勉強を教え合ったり，休み時間に話したりすることはなくなった。日常会話はあるものの，次第に疎遠になっていった。（本当は，加奈と仲良くやりたいのに……。）という気持ちが心の底にはあったが，新しい男子の友達ができたこともあり，彼らと一緒に過ごすことが増えていった。

　僕と加奈の関係に，決定的に亀裂が入ってしまったことがあった。ある日の休み時間，久しぶりに僕に話しかけてきた加奈に対して，僕は照れくさい気持ちから，

「あっちに行けよ。」

と言ってしまった。こうなるともう取り返しがつかない。加奈は，

「せっかく話しかけてあげたのに。もう，私に話しかけないで。」

と言い返した。その後は，互いに悪口を言い合うようになってしまった。僕はこんな状態が続いていいのかと思いつつも，加奈に対して冷たい態度をとり続けてしまった。

　数ヶ月後の放課後，テニス部の練習を終えた僕は，友達3人と一緒に下校していた。普段はテニスやテレビ番組の話をすることが多いが，翌日に期末テストを控えたこの日は，珍しく勉強の話をしていた。そんなとき，道路の隅でうずくまる加奈を見つけた。

僕は，友達の視線が気になったが，勇気を出して加奈に近寄った。
「加奈，どうしたんだ。」
「今日の部活の練習で足をひねってしまって。学校を出るときは大丈夫だと思っていたけど，途中で痛みがひどくなってしまって……。」
　僕は，加奈をかつぎ，自宅へと向かった。途中，加奈が，
「祐介君，ありがとう。いろいろと悪口を言ってしまってごめんね。」
と，僕に話しかけてきた。僕も，
「俺こそ，冷たい態度をとってごめんな。言い訳になるけど，あのとき，冷やかされてから，照れくさくなってしまって。」
　僕たちは，翌日のテストの話をしながら，無事に加奈の自宅に着いた。僕が英語の勉強がわからないとつぶやいたことを気にした加奈は，足が痛いにもかかわらず，病院へと向かうまでの間，英語を教えてくれた。
　僕の周りには，「男子だから，女子だから」という言い方をする人がいる。中には，あからさまに距離を置く友達もいる。たしかに，小学校高学年のころからは，男女で体格の違いが出てきた。互いを意識し過ぎて，意見が食い違うことも増えてきた。僕は，男女が互いを理解し，互いのよさを認め合い，協力していくことが，よりよく学校生活や社会生活を過ごすことになると思っている。
　僕は男子，加奈は女子だが，僕たちは親友である。

（丹羽紀一作）

◆ワークシート◆

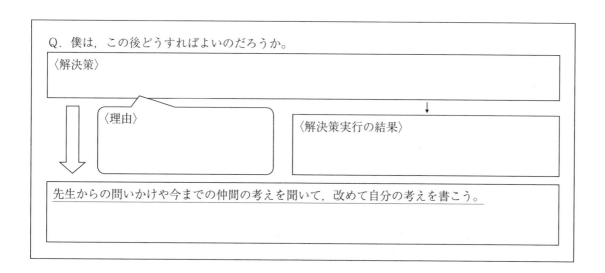

9 内容項目 B－(9)相互理解，寛容
教材名：マキオの決心

柳沼良太の"ココ"がおススメ！

　中学生は自分の判断に自信をもつようになると，他者からの意見や助言を素直に聞き入れなくなることがある。この授業は，どうすればお互いに理解し合い，寛容な態度をもつことができるかを考えるうえで有効である。
　班長である主人公（マキオ）の暴力を非難するだけでなく，その原因をつくったタカシたちの態度も考え，両者の立場から問題解決を目指しているところがユニークである。生徒間の対人関係や学級経営をよりよくすることにも役立つ授業である。

―◆本時の問題解決的な学習のポイント◆―

❶自分の経験と教材を重ね合わせる

　どの生徒にも友達と仲良くし，規律正しい生活を送りたいという気持ちはある。しかし，自我が強まり反抗期にもなると，保護者や教師，仲間からの適切な助言にも素直に耳を貸さないこともある。また，自分が正当な意見を話しても仲間に聞き入れてもらえない経験もある。
　本教材では，主人公のマキオと学級の仲間との姿を通して，自分の考えだけを一方的に相手に伝えるのではなく，落ち着いて自分の考えを伝えるとともに，互いの意見や行為を認め尊重することが，自分を成長させることにつながるということを学びたい。

❷よりよく成長するためのきっかけを考える

　マキオは，カズオに対して暴力をふるった行為については反省すべきである。しかし，マキオが班長となり新しい気持ちで頑張ってきた事実や，カズオとタカシの規則違反を認識して注意をした行為は正当に認められなければならない。また，学校で禁止されているトランプで遊んでいたタカシとカズオの行為や過去のマキオの姿だけを見て，感情的にマキオの暴力行為だけを非難するユウコやサクラの行為にも問題がある。
　マキオやタカシが素直な気持ちで互いに反省するとともに，今回のできごとを自分がよりよく成長するためのよいきっかけとするためにはどうしたらよいかを考えていきたい。

◆指導案◆

（1） **主題名** 謙虚・向上
（2） **教材名** マキオの決心（出典：『道しるべ1』正進社）
（3） **ねらい** 自分と異なる立場の人の意見や行動を認め，尊重するとともに，自分がよりよく成長していくための道徳的判断力を養う。
（4） **展開の大要**

	学習活動	ねらいにせまる手立て	生徒の反応
導入	○仲間や親，先生から指摘されたが，自分の方が正しいと思った経験を振り返る。	・仲間や親，先生から，自分の考えと異なる行動をするよう言われたときに，聞き入れる必要はないと思った経験を引き出す。	・家庭学習をするように言われるけれど，学校で十分勉強しているから必要ないと思う。
展開	◇前半を範読する。 ○学級会の前半で，マキオが学級の仲間から責められる場面について考え，問題点を確認する。 ○学級会をどのようにすればよいのかを考える。 ◇実際にどのようにするか役割演技する。	・班長として責任をもち，規則を破った班員を注意して暴力をふるったマキオに問題がある。 ・マキオを一方的に非難するタカシや学級の仲間にも問題があることを押さえる。 ・自分の言い分を伝え，相手の意見も受け入れる方法を考える。 ・マキオの暴力，タカシとカズオの規則違反について，本人たちが素直に反省できるような学級会の内容となるようにする。 ・感情的にならず，意見し合う役割演技をする。	・マキオは責められても仕方がない。 ・タカシとカズオの行動もよくない。 ・マキオを一方的に非難するのはよくない。 ・マキオには，頑張りを認めながら，暴力に対しての反省を求める。 ・タカシとカズオについては，学級の問題として考え反省を求める。 ・ミカ，マキオ，タカシの姿を確認する。
終末	○今後の生活でどう生かしていくかを考える。 ○教師の説話を聞く。	・生徒が，自分と異なる立場の人の意見から謙虚に学び，よりよい自分に成長していくことの大切さを考えるようにする。	・自分の考えはあるけれど，周りの人の言葉にも耳を傾け，よりよい自分にしていきたい。

（5） **評価** 自分と異なる立場の人の意見や行動を尊重する道徳的判断ができたか。

◆授業の実際◆

教材の概要 乱暴者のマキオが班長に選ばれた。はりきったマキオは，学校で禁止されているトランプをしていたタカシとカズオを強引に規則に従わせようとしてけがをさせてしまう。暴力をふるったマキオは，学級会の時間に学級の仲間から一方的に非難されることになった。

❶導入

教師が「仲間や親，先生から指摘されたけれど，自分の方が正しいと思った経験はあるか」と生徒に尋ねる。生徒からは，「僕は自信をもって絵を描いていたけれど，先生に指導された」「部活動で仲間やコーチから技術的なアドバイスをよく受けるが，自分の方法が正しいと思ったことがある」という発言があった。そこで，教師は「自分の考えと異なった意見を言われると，受け入れにくいことがあるよね。今日はそのような話です」と語り，展開へと進んだ。

❷展開

教師が教材の前半を読んだ後，マキオがルール違反をしたタカシを注意して暴力をふるい，学級会で学級のみんなから責められる場面を取り上げ，「ここでは何が問題になっているか」と問いかけた。生徒からは「相手がどんなに悪いことをしていても，暴力をふるうのはダメだ。仲間から責められることは仕方がない」「マキオは暴力をふるったことを素直に反省すべきだと思う」という考えが出された。

次に，教師が「マキオばかりが悪い感じだけれど，マキオを責めるだけでいいのかな」と問い返した。すると，生徒からは「たしかになぐったのは悪いけれど，タカシたちも学校で禁止されているトランプをしていたのはよくない」「マキオは注意の仕方がよくない」「マキオは班長として忘れ物を少なくするなどの努力をしていた」「マキオを一方的に非難しているユウコやサクラもよくないと思う」という意見も出された。

ここまでをまとめ，問題状況を以下のように把握した。

> ・マキオは，暴力をふるったことについてはたしかに反省すべき。
> ・学級のだれもが感情的になって，マキオを一方的に非難している。
> ・これではマキオも素直に反省できない。
> ・タカシとカズオのルール違反も見過ごされている。

次に，今後，学級会をどのようにすれば，この学級は問題を解決できるかを考えた。生徒からは，「注意をしたこと自体は，マキオは間違っていない。暴力をふるったことを謝った後に，

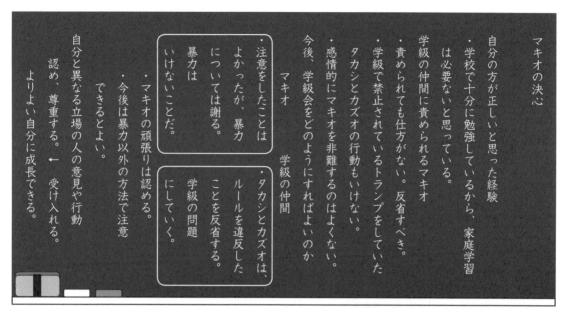

タカシたちの行動について，言葉で注意ができるとよい」「マキオが班長になって，忘れ物が少なくなり，日頃の行動を自重していたことは認めてあげたい」「タカシたちの行為については，学級の問題として考えていく。２人は反省しなければならない」という考えが出された。

解決策を吟味しながら，次のようにまとめた。

・マキオはタカシに対して暴力をふるってしまったことをきちんと謝る。
・これからは暴力以外の方法で注意をすることを誓う。
・タカシとカズオはトランプをしていたことを学級で謝り，反省する。
・学級のみんなは，冷静にマキオやタカシ，カズオの言い分を聞くようにする。
・マキオの班長としての頑張りは認め，今後のマキオを温かく支えていく。

最後に，マキオ役とタカシ役で今後どうすべきかを役割演技する。また，教材の後半も参考にし，ミカがマキオの頑張りについて，感情的にならずに具体的な姿で認めていたこと，マキオ，タカシが素直な気持ちで謝罪したことを確認した。

❸終末

今日の授業で学んだことを，今後の生活でどう生かしていくことができるかを考えた。生徒からは，「自分も相手を一方的に責めてしまうことがあるけれど，それではよくない。相手の言い分にも耳を傾け，よりよい関係を築いていきたいです」という考えが出された。

教師の説話では，教師の仕事も，自分の考えを主張するだけではなく，同僚や生徒の考えをよく聞き，適切に取り入れることが，うまくいく秘訣であるという話をした。　　　（丹羽　紀一）

10 内容項目C−(10)遵法精神，公徳心
教材名：バスと赤ちゃん

柳沼良太の"ココ"がおススメ！

　バスの中で赤ちゃんが泣き出した際に，運転手さんが心温まる対応をしたことに感動する話である。しかし，これで単に思いやりを教えるだけでは，生徒にとって短絡的で面白みに欠ける。そこで，本授業ではこうした公共的な場における問題状況を分析したうえで，どうしたらよいかをじっくり考え議論する展開にしている。

　運転手の立場，お母さんの立場，周りの乗客の立場でどうすることが最善かを考え，役割演技する中で理解を深めていく過程に注目したい。

◆本時の問題解決的な学習のポイント◆

❶社会的弱者の問題を考える

　本教材は，蒸し暑い車内で赤ちゃんが泣き出してお母さんが途中下車しようと思ったところを，バスの運転手が乗客に配慮を求めるアナウンスをしたことで，そのお母さんも赤ちゃんも救われたという物語である。しかし，このような措置は非常に稀なケースであり，運転手の機転にのみ依存した解決である。もしバスの運転手がアナウンスをしなければ，お母さんは降りなければならず，遠い道のりを赤ちゃんを抱えて歩かなければならないことになる。そこで，本教材を単なる感動物語とせず，社会的弱者をみんなで守ろうとする公徳心に関連づけたい。

❷役割演技を行い，解決策を比較検討する

　問題解決的な学習では，感動教材である本教材であえて「何が問題であるか」を問いかけ，お母さんがバスの中での息苦しさを感じて，自らバスを降りようと思わなければいけなかった状況に問題があることに気づかせたい。次に，その問題に対して乗客としてどのような行動をしていけるかを考え，役割演技で実際に行ってみる。その中でそれぞれの解決策を比較検討することで，よりよい社会をつくるための公徳心をはぐくみたい。

　ペアで役割演技を行い，様々な解決策を比較検討するためには十分な時間が必要である。それに至るまでの過程をなるべく早く済ませ，それぞれの解決策の検討に時間を割きたい。

◆指導案◆

（1） **主題名** 心もバリアフリー
（2） **教材名** バスと赤ちゃん（出典：『中学生の道徳1』あかつき）
（3） **ねらい** バスの乗客としてどうすればだれもが快適な環境をつくることができるかを考え，公徳心をもった行動を判断する力を養う。
（4） **展開の大要**

	学習活動	ねらいにせまる手立て	生徒の反応
導入	○「バリアフリー」についてどのようなものがあるかを考える。	・生徒の意見をまとめ，板書に残す。物だけでなく心にもバリアフリーがあるか問う。	・車いす用のスロープ ・点字ブロック
展開	◇教材を範読する。 ○何が問題になっているかを考える。 ○「自分たちは乗客として何ができるか」を考える。 ○考えたことを役割演技で実践する。	・「運転手が何も言わなかったら，どうなるだろう」「なぜお母さんは降りなければいけないのか」と問いかける。 ・それぞれの役の目線での意見を交流し，よりよい解決策を検討させる。「自分がお母さんなら（赤ちゃんなら）どうしてほしいか」を考えるよう促す。 ・生徒の羞恥心を取り除き，運転手が何も言わない状況をとらえさせるために，まず教師が母役を行ってみせる。	・お母さんが降りなければいけなかった雰囲気が問題なのではないか。 ①気にしないようにする。顔をそむける。 ②お母さんに優しく声をかける。 ③にこやかにお母さんにまなざしを向けたり，いたわったり，赤ちゃんをあやす。 ・傍観するだけでなく，何かをしてあげたい。
終末	○教師の説話を聞く。 ○「バリアフリー」について再び考える。	・「心のバリアフリー」について話す。	・周りの人をいたわり，みんなが安心して暮らせる社会をつくりたい。

（5） **評価** だれもが過ごしやすい公共空間をつくるための道徳的判断ができたか。

◆授業の実際◆

教材の概要 満員のバス内で赤ちゃんが泣きだしてしまった。赤ちゃんを抱えた若い女性は周りに迷惑をかけてしまうからと,目的地ではないがバスを降りようとした。その理由を聞いた運転手はマイクを手にとり,「赤ちゃんは泣くのが仕事。女性を目的地まで乗せたい」と伝えた。数秒後,車内はあたたかな拍手で包まれ,女性は何度も頭を下げた。私は16年経った今も,その光景を思い出し目頭を熱くするのであった。

❶導入

　本時の目標は,公徳心の内容項目のもと,外面的なバリアフリーだけではなく,各個人の内面もバリアフリー化し,お互いの権利を大切にし,安心できる社会の実現について考えを深めることである。そのために,導入として「バリアフリー」についてどのようなものがあるかを生徒に問いかける。生徒は自らの生活経験から,「電車,バスの優先席」「駅の車いす用のスロープ」「階段の手すり」など,外面的なバリアフリーが多く出てくると予想される。教師は出てきた意見から,「このように建物などがバリアフリー化されていますが,心にもバリアフリーはあるだろうか」と問いかけ,考えながら展開に移る。

❷展開

　教師が教材をすべて読んだ後,「ここでは何が問題になっているだろうか」と問いかける。生徒は,教材に対して感動的な印象を受けているため,初めは「バスの運転手は立派だったし,乗客も理解があった。特に何も問題はないのではないか」などの意見が出た。その後,ある生徒が,「お母さんが周りに迷惑がかかると感じるのは当然だが,バスを降りようとしたのは,バスの中に独特の雰囲気があったのだと思う」と述べる。教師が「ここで言う雰囲気とは何か」と尋ねると,生徒は「泣いている赤ちゃんを見て不快な顔をするなど,居づらさを感じさせる状況です」と答えていた。

　教師は「このようなことがあったら,いつも運転手はバスを停めてアナウンスするべきなのだろうか」と問いかける。生徒からは「このようなケースは極めて珍しいから,感動的なのだと思う」「自分なら恥ずかしいから,車中でアナウンスしてほしくない」「周りの乗客の態度もよくなかったのではないか」「今までに『赤ちゃんが泣いたら降りろ』と言われたのではないか」「お母さんに非はないのだから,気にせず乗り続けていけばよかった」などの意見が出た。

　こうして問題点を一通り整理し,学級全体で共有した後に,これらを解決するための具体的な方法を考えることにした。

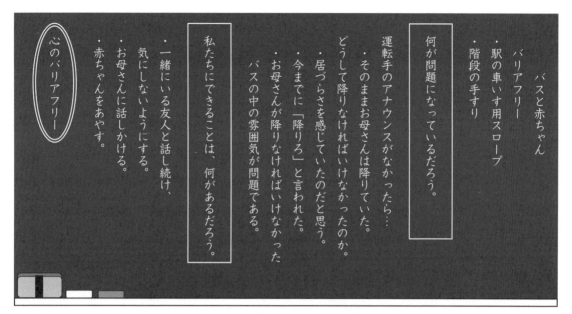

　教師は、「もし私たちが乗客なら、どんなことができるだろう」と問いかける。生徒からは①「嫌そうな顔をしないで、聞こえないふりをする」②「お母さんに優しく話しかける」③「赤ちゃんをあやす」④「椅子をゆずってあげる」⑤「バスから降ろしてあげるのも親切ではないか」などの考えが出てきた。

　ここからよりよい解決策を求めていくために、役割演技を行った。お母さん役を1人、近くにいる乗客役を2人、遠くにいる乗客を1人と設定し、椅子をバスの座席のように並べ、そこに座る。母役には鳴き声の出る人形を抱かせ、それを赤ちゃんに見立てる。教師は初めにお母さん役として「突然赤ちゃんが泣き出したので、母親がバスから降りようとする場面」を演技する。次に、生徒は自分たちの考えた解決策を取り上げ、お母さん役と近くにいる乗客役、遠くにいる乗客の役で演技する。これらを経てどのような解決策が全員さわやかな気持ちになれるかを比較検討した。最終的には「お母さんをねぎらい、赤ちゃんをあやす」といった方法が選ばれた。どの役割も謙虚さを忘れず、周りをいたわる心をもつことを確認した。

❸終末

　導入の「心のバリアフリー」を振り返り、教師が「建物など見える面でのバリアフリーだけではなく、心もバリアフリー化するためにはどうすればよいだろう」と問いかける。生徒からは、「周りをいたわる心を互いに大切にすれば、みんなが安心できる社会になる」という意見が出る。「今日の内容を振り返って、心がバリアフリー化した社会は、どのような社会だろうか」と問いかける。生徒から「周りに困っている人がいたら、自分にできる範囲で、相手の負担にならないようにいたわることです。みんなが過ごしやすい環境を協力してつくっていきたいです」などの意見が出てくる。

（加納　一輝）

11 内容項目 C－(11)公正，公平，社会正義
教材名：卒業文集最後の二行

柳沼良太の"ココ"がおススメ！

この授業では深刻ないじめ問題を取り扱っている。まず，被害者のＴ子さんと加害者の「私」の関係を理解して，いじめの構造を把握している。次に，いじめをなくすためにどうすればよいかを被害者，加害者，傍観者の立場から多角的に考え議論している。日常のふとした言動がいじめの芽になることがある。人権の意識をもって良識ある生き方をするにはどうすればよいかを具体的にじっくり考えられる展開になっている。

◆本時の問題解決的な学習のポイント◆

❶いじめ問題を問題解決的な学習で考える

すべての人は平等に人として生きる権利をもっており，その権利は何者にも侵されてはならない。しかしながら，世界中のあらゆる場所で大小様々な差別が起こっており，傷つけられている人がいる。本教材では，主人公である「私」が優しく誠実なＴ子さんを外見のみで判断し，いじめを行っていることが問題になっている点をしっかり押さえる。

❷本当に対等な関係のあり方を考える

主人公である「私」がＴ子さんにどのように接していたらよかったかを熟慮し，相手を外見で判断することなく，相手の内面のよさを見て公平な態度で接することの大切さを考えたい。そのために，まずはＴ子さんの卒業文集最後の２行を書くことになった問題状況を把握しながら，Ｔ子さんと「私」の関係で何がトラブルの元になっているかを考える。

次に，こうしたいじめ問題においてどのように行動すればよかったかを考え議論することになる。生徒からはＴ子さんを特別扱いして，「優しく声をかける」「困ったときに助ける」という解決策が出されるだろう。そこでさらに，「自分がＴ子さんだったら，特別扱いされて嬉しいだろうか」と相手の立場で考えたり，「他の友達がいじめられていたらどうすればよいだろう」と問題状況を変えて考えたりする。どのような相手とも公正，公平な関係を築くためにどうすればよいかを考え議論する展開にしたい。

◆指導案◆

（1） **主題名** 差別をなくし，等しく生きる
（2） **教材名** 卒業文集最後の二行（出典：『中学生の道徳3』あかつき）
（3） **ねらい** 相手の外見のみにとらわれず，内面のよさを見つめ，公平な態度で接することが大切であることを理解し，対等に接するための道徳的判断力を養う。
（4） **展開の大要**

	学習活動	ねらいにせまる手立て	生徒の反応
導入	○「公正・公平に接すること」の意味について考える。	・終末で振り返ることに留意し，生徒の考えを簡潔にまとめる。	・男女，年齢，容姿などで贔屓せずにかかわること。
展開	◇教材を範読する。 ○T子さんと「私」の関係で何が問題になっているか。 ○「私」はどうすればよかったかを考える。	・「本当の友達」「きれいなお洋服」を求めているT子さんの言葉から，外見で判断されいじめられたこと，等しくみられていないことの辛さを押さえる。 ・「～について謝る。～しないようにする」などの考えについては，「その後どうなるか」について問いかける。 ・T子さんとのかかわり方について「自分がT子さんだったら，そうされて嬉しいか」「他の友達だったらどうするか」を問う。	・外見でいじめられて辛かった。平等に扱ってくれる友達がいてほしかった。 ・石炭倉庫に行って謝る。 ・いじめをしなければいい。 ・学級の一人として自然にかかわる。困っていたら助け，いけないところは注意をする。
終末	○平等の意味について再び考える。 ○教師の説話を聞く。	・授業の始めに考えた「公正・公平に接すること」の意味を再び考え，自分の中に深まった思いを書く。	・相手を外見で判断せず，一人の人としてかかわること。

（5） **評価** 相手の外見のみにとらわれず，相手と対等に接する道徳的判断ができたか。

◆授業の実際◆

教材の概要 作者が小学生のころ，T子さんという同級生の女の子がいた。彼女は優しく，成績も優秀であったが，家庭環境から服装を清潔に保つことが困難であった。作者は，そんな彼女を様々な言葉で追い詰める。そして卒業式の夜，彼女の卒業文集最後の2行を読み，自分の行いのひどさを知る。作者は三十余年経った今でも，涙をするほど悔やんでいる。

❶導入

まずは，本時に深める内容への動機づけを行うために，「公正・公平に接するとは，どのようなことか」と問いかける。生徒からは「見かけや好みで贔屓をしないこと」「偏見で人を差別しないこと」と言った考えが出てくる。ここで教師は，身体的特徴，肩書や立場などで差別しないことが公正・公平に接することの基本にあることを簡潔にまとめる。

また，歴史的に存在した差別問題などについての事例を適切に提示し，学校のいじめ問題と関連づける。「こうした問題が生じたとき，私たちはどのようにしていけばいいかを考えていきましょう」と述べて展開に入る。

❷展開

教師が全文を読んだ後，「T子さんと『私』の関係で何が問題になっているでしょうか」と問いかける。生徒からは「T子さんは自分に味方してくれる人がいなかったから，とてもつらい状況にある」「女子だから，『汚い』と外見のことでいじめられて本当に悲しいだろう」「主人公の『私』は軽い気持ちでいじめていたのではないか」「T子さんは最後にいじめられたくなかったという思いをクラスのみんなに伝えたかったのだろう」「洋服を洗ってくれない親にも問題がある」といった考えが出てくる。

教師は，「T子さんは外見で判断されて本当に辛い思いをしましたが，内面はどんな人だったのでしょう」と問いかける。生徒からは「T子さんは友達のテストの点をほめたり，弟の世話をしたりする素敵な人だった」という発言がある。ここまでの内容を以下のように整理する。

・T子さんはテストの点をほめたり，弟の世話をしたりする素敵な人だった。

・私たちが外見を取り上げていじめたために，T子さんは非常に辛い思いをした。

・卒業文集最後の2行には，辛かったT子さんの思いが込められている。

こうして人の外見に惑わされる危険性について押さえた後で，「自分が主人公で，時間を戻せるとしたら，どの場面でどうしたいと思いますか。道徳ノートに具体的な行動とその理由も

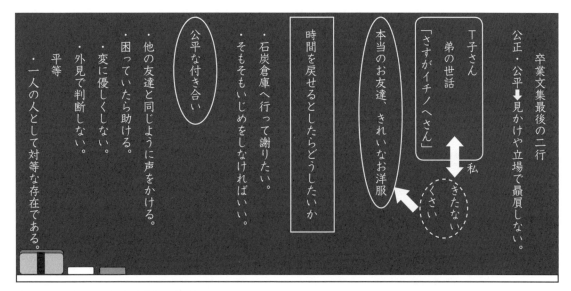

書いてみましょう」と問いかける。

生徒からは，「卒業式の日に自分のしてきたことを謝りたい」「石炭小屋にT子さんが行った場面で，自分のしたことを謝りたい」などと発言し，起きてしまったことへの対処的な考えが出た。また，「後悔するから，最初からいじめなければよかった」「T子さんだけは洋服が汚くて臭くても，気づかないふりをすればよかった」など予防的な考えも出た。

どちらの考えについても，その理由を聞いた後に，「そのようにしていたら，どのような結果になったと思いますか」と問う。生徒からは「人として公平に接することができた」「後に後悔することもなかった」などの意見が出る。

教師は「もし自分がT子さんだったら，そのかかわり方で嬉しいだろうか」と問いかける。生徒からは「極端に優しく接するのは，まだT子さんを見下しているからだと思う。それでは本当に尊重していることにはならない」という意見が出た。その対策として，生徒から「外見で判断せずに，T子さんの内面のよさを認めて，他の友達と同じようにかかわるべきだ」「汚いと感じたら，彼女が傷つかないように指摘し，洗濯を手伝えばいい」という考えも示された。

❸終末

授業で学んだことを踏まえ，自分の生活とかかわらせて「公正・公平」について振り返らせたい。「相手を外見で判断してしまうことが多いけれど，それで相手をいじめたりするのではなく，一人の人として平等にかかわるようにしていきたい」という意見が出た。相手と対等に向き合ったり，他の人と平等に接したりする考えを認め，励ましたい。

教師の説話では，自分の今までの過ちや，今の生き方について語り，人はどうしても相手を外見で判断してしまいがちだが，それに惑わされることなく，本当の公正・公平とは何かを常に自分に問い続けていかなければならないことを伝えたい。

（加納　一輝）

12 内容項目C-(12)社会参画,公共の精神
教材名：ごみ当番

柳沼良太の"ココ"がおススメ！

　日常生活でもごみの出し方は意外に悩ましい問題である。私的な生活と公共的な場が交わるところだからである。個人の都合も配慮したいところだが，公共的な場ではルールやマナーを尊重する必要がある。学校生活でのごみ出しにも共通したテーマが含まれている。

　生徒たちも一人の住民として地域のトラブルに目を向けさせ，どうすれば互いに納得できる解決策になるかを考え議論しながら公共心を育成しているところが有意義である。

◆本時の問題解決的な学習のポイント◆

❶問題解決的な学習でマナーを考える

　生徒が住む多くの地域には，地域住人が共同で使用するごみステーション（ごみ収集場所）があるが，家の手伝いでごみ出しをしている生徒を除いては，関心が薄い生徒が多く，中にはどこにごみステーションがあるのかを知らない生徒もいる。ところが，将来，生徒が家庭の中心となったときにはだれもが使用することになる場所であり，正しい利用方法を考えることは必要である。導入と終末のそれぞれにおいて，ごみステーションにごみを出すときのマナーがある意味を考えることで，生徒がどこまで本時のねらいとする社会参画の意識について考えを深めていけたかを確かめていくことができるようにする。

❷2つの事例の解決策を考える

　本時では，2つの事例について，問題解決的な学習に取り組む。まず，町内会役員が務めるごみ当番とごみステーションを利用する住民の考えが対立している状況で，解決策を考えていく。公共施設は，だれもが気持ちよく利用することが望ましい。そのためには，自分の都合だけを主張するのではなく，一人ひとりが協力し合いながら，だれもが安心して利用していくことができるようにすることが大切である。次に，町内会役員の立場と住民の立場をそれぞれの言い分を理解しながら，双方を非難し合うのではなく，どちらも幸せになれる方法を考えていくようにする。活動を通して，生徒に社会連帯の自覚を促すことができるようにしたい。

◆指導案◆

(1) **主題名** 社会参画
(2) **教材名** ごみ当番（丹羽紀一作）
(3) **ねらい** 町内会役員と町内の住民の言い分が対立しているときにどうすればよいかを考える活動を通して，適切に社会参画するための判断力をはぐくむ。
(4) **展開の大要**

	学習活動	ねらいにせまる手立て	生徒の反応
導入	○ごみを出すときのマナーはどんなものがあるか，何のためにあるかを考える。	・マナーの例をいくつかあげて生徒が考えをもちやすいようにする。 ・授業で学ぶ道徳的価値についての最初の考えを確認する。	・共同の場所を気持ちよく使用するため。 ・僕の家でもマナーを守って出している。
展開	◇前半を範読する。 ○どの考えとどの考えが対立しているか。 ○どうしたらよいかを考える。 ◇後半を範読する。 ○どの考えとどの考えが対立しているか。 ○どうしたらよいかを考える。	・ごみ当番の人の立場と早朝が忙しい人の立場の考えが対立していることを確認する。 ・町内会長と住民のそれぞれの言い分を理解しながら，どちらも幸せになれる方法を考えることができるとよい。 ・ごみ当番の人の立場と分別することが困難な人の考えが対立していることを確認する。 ・環境委員と住民のそれぞれの言い分を理解しながら，どちらも幸せになれる方法を考えることができるとよい。	・当日の朝にごみを出すきまりだが，朝はごみを出す余裕がない。 ・ルールは守るべきだと呼びかける。 ・前日に近所の人にごみを預ければよい。 ・当番は資源ごみを分別してほしいと考えるが困難な人もいる。 ・ごみ当番の人は分別を手伝うとよい。 ・分別の仕方をわかるまで教えてもらう。
終末	○ごみを出すときのマナーを再び考える。 ○教師の説話	・授業を通して深まった自分の考えを，書いたり話したりすることができるとよい。	・マナーを守り，共同の場所をだれもが気持ちよく使えるといい。

(5) **評価** 町内会役員と町内住民のそれぞれの立場を理解したうえで，適切な社会参画はどうあるべきかを判断することができたか。

◆授業の実際◆

教材の概要 青葉町では、町内会役員がごみ当番を務めている。町内会長の丸山さんは、前夜からごみを出す人がいることに怒っている。それに対して住民の青木さんは、仕事が朝早くから始まるため、やむを得ず前日の夜遅くにごみを出している。

また、町内会役員の平野さんは、環境委員として資源ごみの分別回収を大切にしたいと考えている。それに対して住民の和田さんは、分別規準が細かすぎるために、分別を間違ってしまうことがある。町内会役員と住民がこれらの問題を解決するにはどうしたらよいだろうか。

❶導入

生徒が住む地域にはごみステーション（ごみ収集場所）がある。まず、教師が「ごみステーションにごみを出すときには、どんなマナーがあるか」と問いかける。生徒からは「収集当日に出す」「ごみ袋はしっかりと縛る」「燃えるごみ袋に燃えないごみは入れない」等と答える。

次に、教師が「こうしたごみを出すルールやマナーは何のためにあるのだろう」と尋ねる。生徒からは、「共同の場所を気持ちよく使用するため」「町の衛生を保つため」「当番の人に迷惑をかけないため」「僕の家ではマナーを守っている」等の考えが出る。ここでは、地域社会で快適に暮らすためには、ルールやマナーを守る必要があることを意識できるようにする。

❷展開

この教材は、2つの事例から成り立っている。まずは、前半の事例について考える。まずは、町内会長の丸山さんと住民の青木さんの考えが対立している状況を整理する。

> 丸山さん：ごみは回収当日の朝に出さなければならない。
> 青木さん：仕事の都合で朝にごみを出せないため、前夜にごみを出すのは仕方がない。

ここでは、ごみステーションを管理するごみ当番の人（丸山さん）の立場と早朝が忙しい人（青木さん）の立場の考えが対立していることを確認する。

次に、この状況でどうしたらよいかを考える。町内会長と住民のそれぞれの言い分を理解しながら、どちらも幸せになれる方法を考える。生徒からは青木さんに対して、「朝の忙しさは理解できるが、ルールは守るべき」「ごみを出す時間を考えて、さらに早起きすべき」という厳しい意見が出される。その一方で、「前日に近所の人にごみを預ければよい」「前夜にも出せる特別な場所をつくる」など、青木さんの事情にも配慮した解決策も出される。丸山さんに対しては、「もっと厳しい文章にして回覧板で呼びかける」「一軒一軒に注意を呼びかけるチラシ

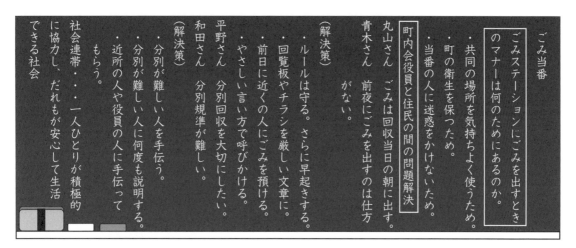

を貼る」といった強制力のある提案が出てくる。

教師が「具体的に回覧板やチラシでどう書けばいい」と問いかける。すると，生徒からは「朝が忙しいことは理解できますが，回収当日の朝に出してください」「どうしても無理な場合は，町内会役員にご相談ください」と答える。管理側と住民側の両者に配慮した解決策にする。

展開後段では教材の後半を取り上げ，環境委員の平野さんと住民の和田さんの考えが対立している状況を整理する。ここでは，ごみ当番の人の立場と分別が難しいと感じる年配の人の立場の考えが対立していることを確認し，次のようにまとめる。

平野さん：地球環境保護の観点からも資源ごみの分別回収は大切にしたい。
和田さん：分別回収が大切なことはわかるが，分別規準は難しい。

前半の事例と同様に，互いを非難し合うのではなくそれぞれの言い分を理解しながら，どちらも納得できる方法を考えていく。例えば，「平野さんは，分別回収が難しい人に対して分別を手伝いに行ったり，方法を理解できるまで何度も説明したりすればよい」「和田さんは，近所の人や役員の人に分別を手伝ってもらえばよい」という意見が考えられる。

2つの事例についての解決策を考えることを通して，一人ひとりが積極的に協力し合い，だれもが安心して生活できる社会をつくっていこうとする社会参画の意識を養っていきたい。

❸終末

ごみを出すときのマナーやルールについて，広く社会参画と結びつけて再び考えていく。生徒からは「一人ひとりがマナーを守るためには，近所の人たちや地域のことも考えて協力し合うことが大切だ」などという考えが出てくる。教師の説話では，市の体育館や図書館といった公共施設や電車やバスなどの公共交通機関を利用するときのマナーやルールにも触れて，より広く汎用できるように促す。

（丹羽　紀一）

ごみ当番

青葉町　町内会長　丸山達樹さん

　私は，本年度から町内会長を務めている。町の自治がうまくいくように，自分の役割を果たしている。

　さて，町内会役員の仕事の一つに，月2回のごみ当番がある。毎週2回の燃えるごみを出す日と，月3回の燃えないごみまたは資源ごみを出す日に，ごみステーションに立ち，町内の住民がルールを守ってごみを出しているかを見届ける仕事である。

　実は，私は，ごみ当番をしていて怒っていることがある。それは，ごみは回収当日の朝に出すことになっているが，前夜からごみを出す人がいるということである。ごみステーションには，野良猫やカラスがごみをあさらないためのネットがついているが，それでも，夜中にごみをあさられることがある。そのようなときは，翌朝にはごみ袋からごみが出て，散乱している。その結果，私たちごみ当番は，散らかっているごみステーションを掃除することになる。

青葉町住民　青木颯太さん

　私の仕事は，朝早くから始まる。毎日，午前4時に起きて，慌ただしく朝支度を行い，午前5時からの仕事に間に合うように出勤する。社会人として時間を守ることは信頼の証であり，私は，就職してから6年が経つが，一度も遅刻をしたことはない。

　先日，町内の回覧板が回ってきた。そこには，

> 　最近，燃えるごみを回収日前夜に出す方がいます。夜中に，動物がごみを荒らすので困っています。燃えるごみは回収日の朝に出していただくよう，よろしくお願いします。

と書いた文章が挟まれていた。私は，実は前日の夜遅くにごみを出している。私の生活スタイルを考えると，朝は時間の余裕がなく，仕方がないことだなと思っている。

青葉町　環境委員　平野裕子さん

　私は，町内会の環境委員として，ごみ当番の仕事を務めております。特に，資源ごみの分別回収については，地球環境保護の観点からも大切にしていきたいと思っております。

　さて，私には，今どうしたらよいのか困っていることがあります。それは，燃えるごみの袋の中に，燃えないごみや資源ごみが混ざっているものがあるということです。私たち当番は，そのようなごみ袋を見つけたときには，袋の中身をすべて出し，燃えるごみ，燃えないごみ，資源ごみ（アルミ缶，発泡トレイなど）を改めて仕分けております。そして，私は，燃えないごみと資源ごみを出す日まで，自宅で保管しております。

青葉町住民　和田たみさん

　私が若かったころは，地球環境を守ろうという意識が弱く，ごみの分別も今ほどは明確ではありませんでした。しかし，近年は，技術が進歩し，昔と比べて再資源化できる物が増えてきました。私は，地球環境のことを考えると，それは素晴らしいことだと思っているし，私にできることはやっていきたいと思っています。

　ところが，そのような気持ちとは裏腹に，実際には難しいこともあります。それは市が示している分別規準が細かすぎることです。正しく理解することができず，本当は資源ごみになる物を燃えるごみ袋に入れてしまうこともあります。町内会の役員の方に注意をされてしまったときもありました。

　公共とは，社会全体にかかわることであり，公共の場，公共の物など，私たちの身の回りには，様々な公共がある。それらを利用するときは，自分の都合，不都合で，判断してもよいのだろうか。
　青葉町の住民がこの問題を解決するにはどうしたらよいだろうか。

(丹羽紀一作)

◆ワークシート◆

1. 事例(1)

どうしたらよいか。	〈理由〉

⇒
どうなることが予想されるか。（丸山さん）	（青木さん）

2. 事例(2)

どうしたらよいか。	〈理由〉

⇒
どうなることが予想されるか。（平野さん）	（和田さん）

13 内容項目C-(13)勤労
教材名：父の言葉の意味を知って

柳沼良太の"ココ"がおススメ！

　自分の職業を選ぶのは，人生における一大事である。どのような職業がよいかを考えるだけでなく，どのような判断基準で選ぶかが重要になる。そこで，職業選択にかかわるアンケートをするとともに，教材に示された「父の言葉」を参考にすることで，将来の夢や勤労の意義を深く考えられる授業になっている。単に親の職業を継ぐか，継がないかを考えるのではなく，まさに職業選択を通してどう生きるべきかを根本から考えているところが有意義である。

◆**本時の問題解決的な学習のポイント**◆

❶アンケート調査を活用する

　本時を行う前には，「職業選択で重要だと思うこと」についてアンケート調査を実施する。中学校卒業後の進路選択を控える3年生は，将来どんな職業に就きたいかということに関して興味をもっている。それゆえ，1・2年生のときと比べて現実味を帯びた結果が出てくる。
　導入では，生徒がアンケート結果を見て思ったことを，素直な気持ちで書いたり話したりすることを大切にしていく。結果の賛否を語り合うのではなく，本時で考える「勤労」に対して多様な意見があることを確認しておくことが，問題解決的な学習につながる。

❷第三の解決策を探る

　本時の問題解決的な学習では，宮大工の父の跡を継ぐかどうかを悩んでいる主人公の「僕」が，今後どのように職業選択をしていけばよいかを考える。親の跡を継ぐか，継がないかの安直な二者択一ではなく，第三の解決策が出てくるようにする。例えば，「最初は自分が本当にやってみたい仕事をしてみる。もし跡を継ぐことに納得するときが来たら，宮大工に挑戦する」という意見も考えられる。
　勤労の尊さや意義には，社会貢献，生活の維持，個性・適性を生かす，夢の実現など様々な要素がある。問題解決的な学習では，主人公の「僕」の話をきっかけに，事前アンケートの結果を活用しながら，勤労についての多様な考えを広げていきたい。

◆指導案◆

（1） **主題名** 勤労の尊さ・意義
（2） **教材名** 父の言葉の意味を知って（出典：『キラリ☆道徳3』正進社）
（3） **ねらい** 宮大工の跡を継ぐことに迷う主人公はどのように職業選択をすればよいかを考えることを通して，勤労の尊さや意義を理解したうえで，適切な職業選択ができる道徳的判断力を養う。
（4） **展開の大要**

	学習活動	ねらいにせまる手立て	生徒の反応
導入	○事前アンケート「職業選択で重要だと思うこと」の結果を見て話し合う。	・収入，夢・憧れ，個性・適性，社会貢献，経済，安定，社会的地位，やりがいから選択するアンケートを実施する。	・職業選択をするときには，様々なことを考えなければならない。
展開	◇前半を範読する。 ○僕は何に悩んでいるかを確認する。 ○僕は，今後どのように職業選択をしていけばよいだろうか。 ◇後半を範読する。	・父の跡を継ぐかどうかを悩んでいることを確認する。 ・跡を継ぐ，継がない理由とどういう結果が予想されるかを考える。多様な意見を引き出す。 ・アンケート結果をもとに，話し合いを広げる。選択肢はすべて勤労の尊さ・意義の要素であり，それらを理解したうえでの職業選択が大切だということに結びつけるようにする。 ・僕は，日々精進することを大切にしていこうとしていることを確認する。	・父の跡を継ぐかどうかを悩んでいる。 ・父母，祖父母は，跡を継いでほしいと思っているから跡を継ぐ。 ・宮大工は危険が伴い厳しい修行が必要。覚悟がいる。 ・自分の興味がある仕事をやり，いずれは跡を継ぐことも考える。 ・日頃から努力していくことが進路の実現につながるのだ。
終末	○自分が職業を選択するときに大切にしたいことを考える。 ○教師の説話	・勤労の尊さ・意義には様々な要素があり，今から努力していくことが進路の実現には大切だととらえるようにする。	・仕事には，様々な意味がある。進路の実現を前向きにとらえ，今から努力していきたい。

（5） **評価** 勤労の尊さや意義を理解したうえで，職業選択に関して道徳的判断ができたか。

◆授業の実際◆

教材の概要 日本の伝統を受け継ぐ宮大工を父にもつ主人公の僕は，父の跡を継ぐことを悩んでいる。僕は父の仕事に抵抗を感じつつも，職場体験学習では無意識に建築業を選んでいる。職人だった祖父には跡継ぎを勧められている。母や祖母はけがなどを心配するが，母は父の仕事に誇りをもっている。父には「自分のやりたい仕事をやればいい」と言われている。

❶導入

本時にあたり，事前に「職業選択で重要だと思うこと」についてのアンケート調査を行う。選択肢は，①収入②夢・憧れ③個性・適性④社会貢献⑤経済⑥安定⑦社会的地位⑧やりがいを提案する（生徒・学校・地域の実態に応じた選択肢を加えてもよい）。また，記述欄には生徒の職業に関する価値観をより詳しく書けるようにする。

本時では，アンケート調査の結果を表やグラフで示し，学級の仲間が職業観をどのようにとらえているかを話し合う。多くの生徒があげている選択肢を確認したり，その選択肢とした理由を発表したりしていくようにする。小学生から中学校１年生ごろまでは「夢・憧れ」が主だった将来の職業選択の理由が，発達の段階を経て広がっている。中学校卒業後の進路選択を控えた３年生の生徒であるため，勤労の意義を多面的・多角的に考えられるようにしたい。

❷展開

教師が教材の前半（最初から，父が僕にかけた「無理して宮大工になる必要はないぞ。自分のやりたい仕事をやればいい」という言葉まで）を読む。

まず，教師が「主人公の『僕』は何に悩んでいるのだろうか」と問いかける。生徒たちは「弟の言葉を聞いて，職業を真剣に考え始めている」「これまで職業についてそれほど真剣に考えてこなかったのではないか」「親の跡を継ぐのが当然だと思っていたのでは」等の意見が出る。ここでは僕が父の跡を継ぐかどうかを悩んでいるという状況を以下のようにまとめる。

- 弟が自分の意思で「保育士になりたい」と言ったことに驚いている。
- 職場体験学習では，僕は無意識に父と同じ建築業を選んだ。
- 父の職人ぶりを実感している。
- 子どもが親と一緒に働くことに複雑な思いをもっている。
- 立志式に向け，僕は将来を真剣に考え始めている。
- 祖父に跡継ぎを勧められる一方で，母や祖母は否定的な見方もしている。

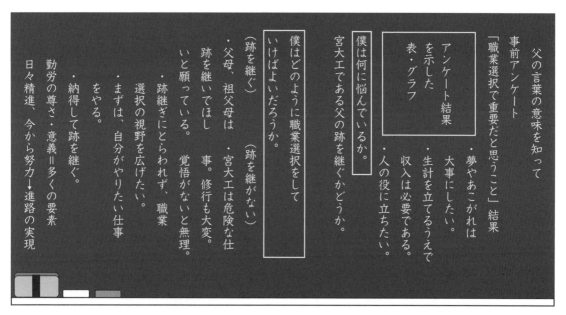

次に,教師は「主人公の『僕』はどのように職業選択をしていけばよいだろうか」と問いかける。ここでグループ学習を取り入れ,互いにアイデアを出し合う。生徒からは次のような考えが出された。

① 賛成	・祖父は跡継ぎを勧め,母と祖母そして父も内心は跡を継いでほしいと思っているはず。 ・後継者不足が深刻な地域の現状を考えたとき,周囲の期待に応えて跡を継ぐとよい。
② 反対	・宮大工はけがが多く,時間がかかる。厳しい修行も必要だ。 ・強い意志と覚悟がなければ,安易に跡を継ぐべきではない。
③ 別案	・跡継ぎにとらわれずに職業選択の視野を広げ,本当にやりたい仕事をやってみればよい。 ・跡を継ぐことに納得したときには,後に宮大工という職業に挑戦することもできる。

この後,教師が教材の後半を読む。主人公の「僕」はまだ父の仕事を継ぐ覚悟は不十分だが,日々精進することを大切にしていこうとしていることを確認する。「僕」が跡を継ごうとする決意を高めつつある姿に共感しつつも,生徒個々人の考えを尊重する。

❸終末

最後に,再び生徒自身が職業を選択するときに大切にしたいことを考え,ワークシートに書き込む。事前に行ったアンケート調査で回答したときと比べて,授業後にどのように変化したかを語り合う。将来の進路の実現のために,「中学3年生の今,自分は何をすべきか」を考えられるようにする。

教師の説話では,教師自身の中学校,高校,大学等の段階で,勤労に対してどのような考えをもってきたかを話す。保護者以外で最も近い存在の大人である教師が赤裸々に語ることで,生徒は勤労の意義をより深く理解するであろう。

(丹羽 紀一)

14 内容項目C−(14)家族愛，家庭生活の充実
教材名：大会を前にして

柳沼良太の"ココ"がおススメ！

　この授業は家族愛をテーマにしているが，部活動とも関連しているので，少し複雑な話し合いになる。部活動で決勝戦に出るべきか，体調が急変した祖母のところに駆けつけるべきかを悩んでいる。授業では，はじめは「決勝戦に出るべき」という意見が多いが，祖母との思い出を語り始めると，家族への思いの方を強めるようになる。「どちらに行くか」というモラルジレンマに陥らず，自分の人生を支えてくれた祖母のありがたさを実感しながら問題解決する展開に注目したい。

◆本時の問題解決的な学習のポイント◆

❶家族の存在意義を考える

　家庭は，生徒が生活をしていくうえでの基盤となる場所である。生徒は，中学生にもなると家族の大切さや存在の大きさを理解している。ところが，思春期真っ盛りの生徒は，家族，特に父親や母親に対して，自分の意思に反して反抗的な言動をとったり，照れ臭さから家庭のために何かをしようという意識が弱かったりする。

　この教材は，主人公の真耶が自己の実現と家族愛のどちらの道徳的価値を優先させるかで悩む内容となっている。生徒には本授業を家族の存在意義を考えるきっかけとしてほしい。

❷ペア・グループで役割演技を行い考える

　問題解決的な学習では，祖母の体調急変の知らせを聞いた真耶がこの後どのように判断したらよいのかを考える。自己の実現，家族愛に加えて，生命の尊重，責任感といった道徳的諸価値が含まれる教材であり，生徒は特に自分が大切にしたいと思う価値にかかわる発言をすることが予想される。本授業では，生徒が素直に自分の考えを話すことを大切にしていきたい。そして，どの生徒の発言も認めることを基本としながら，どの発言の根底にも家族愛が含まれていることを押さえていきたい。

　解決策を導き出した後には，ペアまたはグループで役割演技を行う。自分なりの結論を出した真耶は，母親に対して具体的にどのような言動で意思表示すればよいかを考えていきたい。

◆指導案◆

(1) **主題名** 家族に対する敬愛の念
(2) **教材名** 大会を前にして（出典：『道しるべ1』正進社）
(3) **ねらい** 自分が追究している物事があるときに，自己表現を大切にしながら，社会生活の基盤である家族を敬愛し，家族の絆を大切にした道徳的判断力を養う。
(4) **展開の大要**

	学習活動	ねらいにせまる手立て	生徒の反応
導入	○家族の多様な形態を理解する。 ○家族にしてもらったこと，自分がしてあげたことを語り合う。	・家族の形態について生徒それぞれにアンケートする。 ・親や祖父母など家族と自分の関係を振り返る。	・いろんな家族の形態がある。 ・自分はいろいろ家族にお願いするばかりで，恩返しをしていない。
展開	◇教材を範読する。 ○真耶が何で困っているかを考える。 ○真耶はこの後どのように判断したらよいのだろうか。 ○真耶は母親にどのように意思表示すればよいかを考える。	・主将の責任を果たしたいという気持ちと祖母の見舞いに行きたいという気持ちを押さえる。 ・「祖母のもとに行く」派には，「決勝戦に真耶が参加しなかったら，どうなるか」を問う。 ・「試合に行く」派には，「祖母の臨終に立ち会えなかったら，どうするか」を問う。 ・真耶役と母親役のペアで役割演技を行う。	・絶対に勝ちたい。 ・主将の責任を果たし，チームをまとめたい。 ①試合に出場する練習の成果を発揮したい。 ②祖母のもとに行く。最後になるかもしれない。 ③試合に出場した後，祖母のもとに駆けつける。 ・祖母を大切にした問題解決ができるとよい。
終末	○家族について考えたことを『私たちの道徳』181頁に記す。 ○教師の説話	・家族によって自分が支えられた経験を書き，家族の大切さを改めて実感することができるようにする。	・悩んでいるときに，相談に乗ってくれたり，温かい声をかけてくれたりした。

(5) **評価** 自己表現を大切にしながら，家族の絆を大切にした道徳的判断ができたか。

◆授業の実際◆

教材の概要 明日の団体戦の決勝戦を控えた剣道部主将の真耶のもとに，九州に住む祖母の体調が急変したという知らせが届く。決勝戦に出場すべきか，祖母のもとに駆けつけるべきかで，真耶は悩む。

❶導入

家族形態は多様であり，複合家族（複数の核家族が同居），拡大家族（祖父母と両親と子ども），核家族（夫婦とその子ども）などもあることを確認する。その後，親や祖父母など家族の思い出を語り合う。内観法を活用して，①「家族にしてもらったこと」②「家族にしてあげたこと」③「家族に迷惑をかけたこと」を発表し合う。生徒たちは多少照れながらも，家族からたくさんのことをしてもらいながら，自分がしてあげていることが少ないことに気づく。

❷展開

教師が教材を範読した後に，真耶はどんなことに困っているかを尋ねた。生徒からは，「中体連で優勝するために頑張ってきたし，今年こそは絶対に勝とうという気持ち」がある一方で，「幼いころから世話になっている祖母の体調急変の知らせが届き，祖母のもとに駆けつけたい気持ち」もあり，どちらに行くかを迷っている状況を確認した。板書には以下のように書いた。

・明日は中体連の団体戦の決勝戦である。ところが祖母は危篤の状態である。
・真耶は，試合に出場するか，祖母のもとに行くか迷っている。

次に，「真耶はこの後どのように判断したらよいのだろうか」と問いかけ，個人で考えた後，グループ学習を行った。生徒は「もし自分だったら」という視点で主に次のような発言をした。

|大会に参加する| (18名)
・僕は試合に参加すると思います。おばあちゃんは試合後にも生きている可能性があるので，試合後に駆けつければよいと思うからです。
・今までに練習で積み重ねたことを大会で発揮した方がいい。その方が，おばあちゃんも喜んでくれると思う。自分も精一杯頑張ったことをおばあちゃんに伝えたい。

|祖母のところに行く| (13名)
・私ならおばあちゃんのところにすぐ行きます。今まで優しくしてくれたし思い出があるから。
・僕はやっぱりおばあちゃんのところに行くかな。部活の試合は，今後の人生の中でまだ多くあるから，家族を優先したいです。

「こんなことが本当に起きたら，何も考えられない」と発言した生徒も複数（5名）いた。

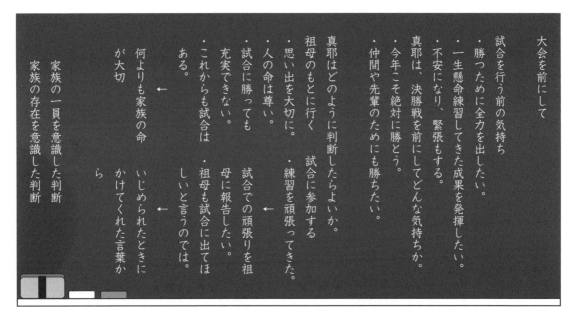

　この後,「祖母のもとに行く」と判断した生徒には,「決勝戦に真耶が参加しなかったら,どうなるか」を尋ねた。すると,生徒は「大事な試合だとはわかっているし,部長がいないことは大変なので試合には負けるかもしれない」と悩み出した。

　「試合に参加する」と判断した生徒には,「祖母の臨終に立ち会えないかもしれないが,それでもいいか」と問いかけた。生徒からは「おばあちゃんがもし死んだら会うことができず,一生後悔するかもしれない」という意見が出た。一方で,「真耶が小学校5年生のときにいじめられたときにも『いじめに負けるな,頑張っておいで』と言った祖母なら,試合に出なさいと言うと思う」「試合が終わったら,駆けつける」と発言する生徒もいた。

　どの生徒の考えにも根底には「祖母のことを大切にしたい」という思いが込められており,家族の一員,家族の存在を意識した判断をすることができていた。最後に,ペアで役割演技を行い,真耶は母親にどのように意思表示すればよいかを考えた。生徒は予想以上に真耶役になりきり,真剣な表情で言葉を選びながら祖母を思いやる意思を伝えていた。

❸終末

　授業を通して家族について考えたことを『私たちの道徳』の181頁に記した。生徒は「反抗的な態度のときも,両親は自分のために一生懸命話をしてくれた」「これからは家族の一員として,家族のためにできることをやっていきたい」などと自分の考えを書いた。

　実際の授業では,説話として,筆者は3人兄弟で多くの学費が必要であり両親が忙しく働いていたこと,それでも,筆者が大学入試の際には,万全の状態で臨むことができるように,両親が交代で仕事を休み,会場まで付き添ってくれたことについて話した。

(丹羽　紀一)

15 内容項目 C−(15)よりよい学校生活，集団生活の充実
教材名：ONE FOR ALL

柳沼良太の"ココ"がおススメ！

　部活動のあり方は，生徒たちが学校生活を送るうえでも重要である。スポーツを楽しみたいグループと競技に勝ちたいグループでは価値観が真っ向から対立することもある。そうしたとき，リーダーとしてどのように問題解決するかが求められる。別場面の問題でも，こうしたリーダーシップのあり方を応用する必要がある。上級生として多くのメンバーをまとめ上げ，集団生活をいかに充実させればよいかを考えられるところがお勧めである。

◆本時の問題解決的な学習のポイント◆

❶様々な立場に立って考える

　生徒は，集団の一員としての自覚はあるが，自分の思いだけを一方的に伝えたり，所属感や一体感を強く求めすぎたりして，集団の雰囲気を悪くしてしまうことがある。
　生徒には授業後に，「集団生活の充実のために，自分も貢献していこう」「集団生活の充実のためには，相手の気持ちを尊重しよう」という願いをもってほしい。そのために，問題解決的な学習では，集団生活の充実のために必要なことを，リーダーである主人公の立場とチームメートの立場から，多面的・多角的に考えていきたい。

❷後半場面で新たな展開をつくる

　問題解決的な学習では，「全員が練習に参加できない」「勝ちたいグループと楽しみたいグループの対立」が問題となっている弱小サッカー部の部長研一が，今後部員に対してどう働きかけるべきかを考えていく。学習活動を通して，集団生活を充実させるためには，仲間の思いを尊重しながら，自分の思いを伝えていくことが大切であることを学びたい。
　また，展開の後半では体験的な学習として，教師が新たな場面を提示し，生徒は自分がとり得る行動を考えていく。合唱祭に向けてのパート練習がうまくいかないときに，どうすればよいのかを，展開の前半で取り組んだ問題解決的な学習を生かしながら考えることで，展開の前半で学んだ道徳的価値の理解をより深めていくことにする。

◆指導案◆

（1） **主題名** 自他の理解と協力
（2） **教材名** ONE FOR ALL（出典：『道しるべ1』正進社）
（3） **ねらい** 部活動に対する仲間との価値観の違いに悩む主人公はどうするべきかを考えることを通して、互いの意見を尊重したうえで協力し合い、よりよい集団生活を築き上げようとする態度を養う。
（4） **展開の大要**

	学習活動	ねらいにせまる手立て	生徒の反応
導入	○学級全員で協力するとはどういうことかを考える。	・これまでの経験を振り返り、成功体験や失敗体験など、素直な思いを引き出すようにする。	・体育祭のときのように、目標に向かって力を合わせること。 ・リーダーが中心となり、まとまること。
展開	◇教材を範読する。 ○部長である研一は、どんなことに困っているのかを考える。 ○研一は、今後部長として、部員に対してどう働きかけるべきかを考える。 ○新たな課題（合唱祭の練習）に対して、どうしたらよいかを考える。	・集団の向上を目指す研一と個の尊重を訴える陽輔の対立を押さえる。 ・試合に勝ちたいと思う気持ちを真剣に伝えるとともに、部長として部員の気持ちを尊重することも必要だと押さえる。 ・学級には様々な立場の人がおり、互いを尊重し合うことが協力につながることを押さえる。	・練習を頑張りたい研一たちと気楽にサッカーをしたい陽輔たちが対立している。 ・最後の試合で勝ちたい気持ちを伝える。 ・部員全員の意見を尊重しながら、活動日や活動時間を決める。 ・自分が一生懸命歌い、真剣な雰囲気をつくる。 ・リーダーの心が落ち着くような声をかける。
終末	○教師の説話 ・教師の中学校時代の体育祭や合唱祭などの経験を語る。	・教師が後悔した経験とみんなで頑張ってよかった経験を語ることで、生徒が授業で学んだ価値を深めるようにする。	・先生にも僕たちと同じような経験があったんだ。 ・今後に生かそう。

（5） **評価** 互いの意見を尊重し、よりよい集団生活を築こうという意欲をもつことができたか。

◆授業の実際◆

教材の概要 弱小サッカー部のキャプテンである研一と友人たちは，中学校最後の大会に向け，もう1度試合に勝つために練習を頑張りたいと思っている。しかし，3年生になってから入部した陽輔たちは，気楽にサッカーをすることを望み，勝ちを目指していない。互いの狭間に立つ研一は，部長としてどうするべきか悩む。

❶導入

教師が生徒に「学級全員で協力するとはどういうことか」を尋ねた。生徒からは「学級全員が問題に取り組んで，目標を達成することだと思う」「体育祭や合唱祭などで学級の一人ひとりが自分たちにできることを頑張ることだと思う」といった発言が出た。これらの発言から，生徒たちは「学級で協力すること」の意義を理解していることがわかる。学校行事を振り返ることで，生徒は学級で協力することが必要な場面を楽しく語り合うことができる。

その後，教師の「今日は学級などの集団で活動するときに大切にしたいことについて考えていこう」と話して授業に入る。

❷展開

教師が教材を読んだ後，まず主人公の研一が困っている状況を把握した。生徒と教師のやりとりの中で，「全員が練習に参加できない」「勝ちたいグループと楽しみたいグループの対立」「部活の目的が途中で変わったこと」などが問題であることを確認した。

次に，教師から「研一は今後部長として，部員に対してどう働きかけるべきだろうか」と問いかけた。ここで生徒たちは自分で考えるとともに，4人1組のグループで話し合った。ある生徒は，解決策として「サッカー部としては，大会に出て勝ちたいという思いを伝えるべきだ。サッカー部は，全員でやるからこそ強くなるチームだと思うから，練習を今やっていない人にも気持ちを伝えた方がいい。みんなで大会に向けて練習をやっていくべき」と述べた。

別の生徒は，「楽しみたい人に，決められた練習には出るように呼びかければいい。理由は，活動日ではない日に練習に出る必要をなくして，週1回の活動日だけなら気楽に練習できるから。そうすれば，決められた日には全員が参加でき，勝ちたいグループは熱心に，楽しみたいグループは気楽に練習できるだろう」と述べた。

ここで生徒たちは，問題解決的な学習を通して，「集団生活の充実」を目指しながらも，「自分ができることをやること」や「相手の気持ちも尊重すること」も並行して考えていた。

展開の後段では，教師が体験的な学習として，次のような新たな場面を提示し，生徒は自分がとり得る行動を考えた。

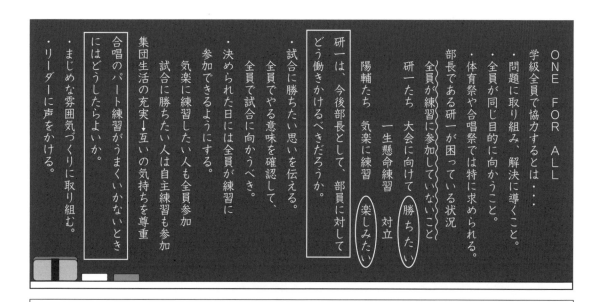

　中学校生活最後の合唱祭に向けての練習で，パートリーダーの一朗君はとてもはりきっている。ところが，いざパート練習が始まると，ふざけて歌う人が数人おり，そんな姿に一朗君はいらいらして，雰囲気がよくない。そんな中，真剣に歌っているあなたは，どうすればよいだろうか。

　生徒からは，「練習の意義をメンバーにしっかり伝えるべきだ」「一緒に優勝を目指して頑張ろうと呼びかければ，応えてくれる」「メンバーの気持ちをくみとり，リーダーがいらいらしないように声をかけた方がいい」「ふざけている人が空気を読めるように，まじめに歌う雰囲気をつくり，態度で示した方がいい」といった解決策が出された。展開の前半で行った問題解決的な学習を通して学んだ内容を生かして，新たな場面においても自分が取り得る行動を考えることができるようにした。

❸終末

　教師が中学校時代の合唱祭の経験を語ることで，生徒が本時で学んだ集団生活の充実について，より深く理解できるようにした。まず，1・2年生のときにパートリーダーや指揮者に協力することができずに，合唱祭では学級全員が満足できる合唱ができなかったことを話した。教師にとっては，今でも後悔している経験である。そして，3年生のときには，涙ながらに協力してほしいことを訴えた指揮者に応えて一致団結して練習に取り組み，歌っていて感動できる合唱ができたことを話した。教師が学級全員で頑張ってよかったと今でも思っている経験である。
　生徒は，授業で考え議論した教材や教師の説話を参考にして，今後の集団生活の充実に生かそうとする意欲を高めることができていた。

（丹羽　紀一）

16 内容項目C−(16)郷土の伝統と文化の尊重，郷土を愛する態度
教材名：和太鼓クラブ

柳沼良太の"ココ"がおススメ！

　新奇なものを好む生徒にとって，郷土の伝統文化のよさはわかりにくいところがある。この授業では，単なる惰性や強制で和太鼓クラブに取り組むのではなく，伝統文化のすばらしさや地域貢献を意識して，意欲的に取り組めるよう工夫している点で有意義である。和太鼓クラブを続けたメリットとデメリットを深く考え，どうすることが自分を成長させ，よりよい社会を築けるかを考え議論する展開もダイナミックで，効果的である。

◆本時の問題解決的な学習のポイント◆

❶『私たちの道徳』を問題解決的な学習に生かす

　本時では，『私たちの道徳』の効果的な活用を図り，生徒の主題に対する興味・関心を高めていくようにしたい。導入では，201頁の「私のふるさと」を使い，生徒が自分の住む地域のよさ，好きな点，自慢したいことを交流することで，展開で行う問題解決的な学習に意欲的に取り組むようにする。

　展開の後半では，203頁「ふるさとの発展に貢献する」を使い，生徒が自分の地域が抱える課題を見つめ，自分ができることを考える。展開の前半で学んだことを生かして新たな課題に取り組むことで，本時で学んだ道徳的価値をより深めていくようにする。

❷主体的に学ぶ課題を設定する

　本時の主題「地域社会の一員としての自覚（地域の伝統の継承）」は，本来ならば自らの意志で自覚することである。ところが，過疎化や後継者問題が背景となり，地域住民や親などの大人からの押しつけにより，「〜しなければならない」という義務となってしまう場合も多い。

　本時の問題解決的な学習では，地域の伝統である和太鼓の練習に打ち込んでいない主人公の翔太はどうすればよいかを考える。自分の安逸な生活を優先させたい翔太の実態を理解しながらも，伝統継承の意義についても理解を深めたい。生徒が主体的に本時の主題を学ぶことで，自らの意志で郷土の伝統と文化を尊重していく心，郷土を愛する態度を育てたい。

◆指導案◆

(1) **主題名** 地域社会の一員としての自覚（地域の伝統の継承）
(2) **教材名** 和太鼓クラブ（丹羽紀一作）
(3) **ねらい** 地域の伝統文化と自分の欲望の狭間で悩む主人公はどうしたらよいかを考える活動を通して，地域の伝統を大切にする道徳的判断力を身につける。
(4) **展開の大要**

	学習活動	ねらいにせまる手立て	生徒の反応
導入	○『私たちの道徳』の201頁の「私のふるさと」を記入し発表し合う。	・生徒が住む地域のよさ，好きな点，自慢したいことを交流することで，本時の主題に対する生徒の興味・関心を高める。	・陶磁器産業が盛ん。 ・優しい人が多い。 ・僕，私の地域は，よいところがたくさんある。
展開	◇前半を範読する。 ○翔太は，どんなことに悩んでいるかを考える。 ○翔太は，どうしたらよいかを考え，話し合う。 ◇後半を範読する。 ○翔太はどう考えたかを理解し，自分の意見と比較する。 ○『私たちの道徳』の203頁「ふるさとの発展に貢献する」を読み，話し合う。	・翔太に和太鼓を継承しようという考えはなく，他にもやりたいことがあることを確認する。 ・伝統の継承よりも自分の欲望を優先する翔太の実態を理解しながら，解決策を考える。 ・補助発問として，自分が翔太ならどうするかを問いかける。 ・翔太が自分の意志で地域の伝統を守ろうと決意していることを確認する。 ・自分の地域が抱えている課題を見つめ，一人ひとりがよりよく暮らすために自分ができることを考えていく。	・和太鼓の練習に前向きではない。もっと勉強や遊びをしたい。 ①本当に勉強などがやりたいなら和太鼓をやめる。 ②今は辛いかもしれないが続けるべき。 ③両方やれる道もある。 ・父や祖父の話を聞き，自分の意志で和太鼓をたたくようになった。 ・夏の暑さ対策が必要だ。打ち水をしたい。 ・陶磁器文化をもっと全国に発信したい。
終末	○『私たちの道徳』205頁の「『ふるさと』に寄せる短い手紙」を紹介。	・授業の感想を述べ合う。 ・伝統継承の意義を再び考える。	・もっと地域に伝わる伝統のよさを大切にしていきたい。

(5) **評価** 主人公が抱える問題解決や地域が抱える問題解決を通して，地域の一員としての自覚をもった道徳的判断ができたか。

◆授業の実際◆

教材の概要　主人公の翔太は，地域の伝統文化である和太鼓クラブで活動している。ところが，翔太は大人にやらされている状態であり，地域の文化祭に向けての練習にも身が入らない。友達が勉強やスポーツに打ち込んだり，遊びを楽しんだりしている話を聞いてうらやましく思っている。そんなある日，和太鼓クラブの３年生の先輩たちが「和太鼓は，地域の伝統，誇り，文化だ」と熱く語っているのを聞く。その夜，翔太は，父と祖父から，和太鼓が何百年も続く伝統であることや，翔太の世代にも和太鼓の伝承を期待しているという話を聞く。翌日の練習からは，自分の意志で和太鼓をたたく翔太の姿があった。

❶導入

『私たちの道徳』の201頁にある「私たちのふるさと」を生徒が各自で読み，地域のよさ，好きな点，自慢したいことを書き込む。書く時間は短くして，生徒の率直な考えを引き出す。筆者が勤務する中学校の生徒からは，「陶磁器産業が盛ん」「大きな川が流れている」「優しい人が多い」といった考えが出た。ここでは，書いたことをもとに交流することで，本時の主題に対する生徒の興味・関心を高めていく。

❷展開

まずは，教材前半の範読（最初から，３年生が和太鼓を地域の伝統，誇り，文化だと話している場面まで）を聞いた後，問題解決的な学習に取り組む。まず，教師は「主人公の翔太がどんなことに悩んでいるか」を確認する。生徒からは以下のような意見が出る。

> ・和太鼓は大人にやらされているという気持ちで，やる気が出ない。
> ・もっと勉強・スポーツ・遊びがしたいが，できないでいる。
> ・和太鼓が地域の伝統文化だという考えはあまりない。

ここでは，翔太に地域の伝統である和太鼓を継承しようという考えは強くなく，他にもやりたいことがたくさんあることを確認する。

次に，教師は「翔太はこの状況でどうしたらよいか」と問いかける。生徒は１人で考えをワークシートに書いた後，グループでも話し合った。そこで，次のような解決策が出た。

〈和太鼓を無理に続ける必要はない〉
・大人にやらされている状態ならば，真に和太鼓を伝承しているとは言えない。
・自分が本当に勉強やスポーツに打ち込みたいならば，その思いを伝えて和太鼓をやめてもよ

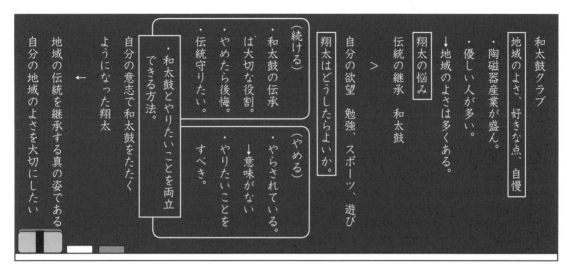

いのではないか。

〈和太鼓を続けるべき〉

・今は辛いかもしれないが，8年間続けているし，「和太鼓の伝承」という役割は大切だから。やめるといずれ後悔するときが来る。
・地域に古くから伝承されていることは貴重だから。伝統を守りたい。

　補助発問として，「なぜ和太鼓をそれほど頑張る必要があるのか」を尋ねる。生徒は伝統文化の素晴らしさや先祖代々受け継いできたことの意義を再発見する。

〈第三の解決策〉

・スポーツクラブや塾と両立させながら和太鼓を続ける。練習日を週1回に減らす。
・地域の文化祭が終わったら，和太鼓クラブの参加を休止して，自分がやりたいことをやってみる。いずれは両立ができるとよい。

　この後，教材の後半（父と祖父に話を聞く場面から最後まで）を読んで，翔太が自分の意志で地域の伝統を守るために和太鼓をたたくようになった過程を確認し，語り合う。

　最後に，『私たちの道徳』の203頁にある「ふるさとの発展に貢献する」を使い，自分の地域が抱える課題を見つめ，自分ができることを考える。展開の前半で学んだ伝統文化の継承や地域社会への貢献について考えを深めていけるようにする。

❸終末

　授業全体を振り返って，生徒が自由に感想を述べ合う。「地域の伝統や文化を守るのは大変なこともあるけれど，みんなで協力し合うことで次につなげていきたい」「自分たちの地域を見つめ直すよいきっかけとなった。もっと地域のよさを大切にして，自分たちができる課題解決をしていきたい」といった意見が出た。最後に，『私たちの道徳』の205頁にある「『ふるさと』に寄せる短い手紙」を紹介して終えた。

（丹羽　紀一）

和太鼓クラブ

前半 中学2年生である翔太が住む地域では，古くから和太鼓が伝承されている。翔太も，小学1年生から8年間，地域の和太鼓クラブで活動している。

　和太鼓を演奏することは，見た目はかっこいいが，いざ演奏する立場になると，想像以上に体力を使うし，腰や手首が痛くなる。また，複雑なリズムを覚えたり，仲間と音を合わせたりするためには，相当に長い時間の厳しい練習が必要となる。和太鼓を始めた小学校のころは，毎回の練習に進んで参加していた翔太も，いつの日からか，何となくやっている状態となっていった。特に，中学生になったころからは，大人にやらされている，という気持ちになった。

　今度，地域の文化祭で和太鼓の演奏をすることになった。和太鼓クラブでは，通常は日曜日の午前中に活動しているが，それに加えて，平日週3回の夜7時から9時にも練習をすることになった。翔太は，同じ地域に住む大輔，美穂，和代とともに，練習ではリーダー的な存在となっている。3年生の大輔と美穂は，中学校卒業後，和太鼓クラブの活動を引退する。

　平日の練習が始まり，1週間が経った。相変わらず翔太は，練習に身が入らない。この日も，学校の昼休みに，親友の優と誠の，

「今日，家に帰ったら遊ぼうぜ。バスケットボールクラブと塾の時間まで時間があるしね。」

「今度の試合は大事だから，俺，絶対に勝ちたい。」

「実力テストに向けて，僕も塾で勉強を頑張っているよ。」

という会話を聞いていた翔太は，(俺も，スポーツ，勉強，遊びもしたいな。何でこんなことをやらなければならないのだろう)と思い，練習にも気が乗らず，ただぼんやりと取り組んでいた。

　その日の練習も残りわずかとなったとき，大輔と美穂が，突然，

「和太鼓は，俺たちの地域の伝統，誇り，文化だよな。」

「私もそう思う。というか，最近同じことを思うようになった。」

と話し始めた。翔太は，黙って2人の話を聞いていた。

　その日の帰宅後，ベッドに横になっていた翔太は，大輔が言っていた「地域の伝統，誇り，文化」という言葉が気になっていた。(この地域にとって和太鼓の存在はそんなに大きなものなのだろうか)。

後半 そう思った翔太は，居間でくつろいでいた祖父と父のところに行った。

「父さん，じいさん。この地域の和太鼓は，いつごろからやっているの。」

「さあ，いつからなのかなあ。俺もじいさんから，幼稚園のときに教わり，小学校1年生から和太鼓クラブに入っていたぞ」と父。

「わしも，ひいじいさんから，幼いときに教わり，お父さんと同じころには和太鼓クラブに入っていたなあ。何百年も前から続いているという話は聞いたことがある。」と祖父。

「父さん,じいさん,ひいじいさん。そして,俺。武藤家代々引き継がれているんだ。すげー。」

翔太は驚き,大きな声で叫んだ。その後,祖父と父からは,翔太の次の代にも引き継いでほしい,今度の文化祭の演奏も期待している,という話を聞いた。

翌日から,翔太の練習に取り組む気持ちは変わった。練習に打ち込み,額から汗がたびたび落ちるほど力を込めて和太鼓をたたいた。当然太鼓の音は力強くなり,威勢がよいものとなった。練習の最後には,地域の老人クラブの方が激励に訪れ,

「地域の伝統を守ってくれて嬉しい。1週間後の文化祭の演奏を楽しみにしているよ。」

と声をかけてくれた。

「はい。ありがとうございます。本番に向け,練習を頑張ります。」

翔太をはじめ,和太鼓クラブに所属するメンバーは,全員が大きな声であいさつをした。

そして,文化祭当日。翔太は,和太鼓クラブのメンバーとともにステージに立っている。間もなく演奏が始まる。今の翔太は,だれかに頼まれてではなく,自分の意志で和太鼓をたたいている。

「精一杯の力で和太鼓をたたくぞ。地域の伝統を守っていくぞ。」

地域の人や昔の人とのつながりを感じながら,和太鼓の演奏を始める翔太であった。

(丹羽紀一作)

◆ワークシート◆

Q. 翔太はどうしたらよいか。

〈解決策の案〉

↓　　　　　　　　　　　　　↓

〈解決策を実行することのメリット〉　　〈解決策を実行することのデメリット〉

〈解決策の結論〉

17 内容項目 C −(17) 我が国の伝統と文化の尊重，国を愛する態度
教材名：さよなら，ホストファミリー

柳沼良太の"ココ"がおススメ！

　日本にいると自国の伝統や文化の尊さはわかりにくい。この授業では主人公が海外に出て，我が国について尋ねられたことで，改めて日本という国の特徴や日本人としてのアイデンティティを再考することになる点で有意義である。日本人の「勤勉さ」をほめられながらも，一方でエコノミック・アニマルと揶揄される印象について，どのように受け答えすればよいかを考えることで，日本人としての自己像や自尊心を改めてつくり直すきっかけになる。

―◆本時の問題解決的な学習のポイント◆―

❶問題解決的な学習で伝統文化を考える

　私たちが住む日本では，各地で四季の変化が生み出す美しい景色を見ることができる。何百年もの前に生まれて長い間継承されてきた建築物，芸術，工芸，風俗などがある。現在においても，アニメや漫画，自動車産業など，世界に誇れる文化や産業がある。ところが，日々慌ただしい生活を送る生徒が，日本のよさ，伝統，文化を実感する機会は少ない。本教材の問題解決的な学習を通して，生徒には日本のよさ，伝統，文化について考えるきっかけとしてほしい。

❷日本人としての今後の生き方を考える

　主人公である知子は，海外派遣生として訪れたニュージーランドでのホームステイを通して，今までは英会話さえできればよいと考えていた外国人とのコミュニケーションが誤りだったと気づく。そして，日本人としての意識を徐々に高め，日本の中学生の代表としてもう少し日本のことを勉強していくべきだったと考える。知子と同じように「外国人とは，正しい文法で流ちょうな英語で話さなければならない」「外国人とは楽しく英語でコミュニケーションができればよい」と考えている生徒は多いであろう。しかし，それでは真の国際交流とは言えない。

　そこで，「知子が日本人として今後どうすればよいか」を考えることにする。ここでは，生徒の「日本の文化や伝統について正確に伝える」「外国の人々に日本のよさも率直に伝える」といった考えを強め，日本人としての自覚をもたせるきっかけとしたい。

◆指導案◆

(1) 主題名　日本人としての自覚
(2) 教材名　さよなら，ホストファミリー
　　　　　　（出典：『道徳教育推進指導資料（指導の手引）　4　中学校読み物資料とその利用―「主として集団や社会とのかかわりに関すること」―』文部省）
(3) ねらい　ホームステイ先でのコミュニケーションに悩む主人公はどうしたらよいかを考え，日本人としての自覚をもとうとする態度を育てる。
(4) 展開の大要

	学習活動	ねらいにせまる手立て	生徒の反応
導入	○これまでにどんな国際交流をしたことがあるかを思い出す。	・これまでの経験を尋ね，教材に対する関心を高める。	・ALTの授業で。 ・小学校のときに，一緒に遊んだことがある。
展開	◇前半を範読する。 ○知子は，どんなことに悩んでいるだろうか。 ○知子は日本人としてどうすればよいのかを考える。 ◇後半を範読する。 ○知子は海外派遣でどんなことを学ぶことができたか。	・日本について勉強すべきだったと思うところまで。 ・英語力があるだけで，日本の伝統，文化や日本人としての考えを伝えていない知子は，上手にコミュニケーションがとれていないことを確認する。 ・日本人としての自覚をもち，日本の伝統，文化について，自分の考えを自分の言葉で伝えることが，流ちょうに英語を話すことよりも，真の国際交流になることを押さえる。 ・楽しく英語で会話すること以上に，日本の文化，伝統や日本人しての考えをきちんと伝えることを学んだと確認する。	・外国人であるソニアとうまくコミュニケーションをとることができずに悩んでいる。 ・違和感があっても，何も反論できずにいる。 ・拙い英語でよいので，日本の文化，伝統や，それに対する自分の考えを伝える。 ・場合によっては日本語が混ざってもよい。 ・真のコミュニケーションとは，互いの国の文化や伝統，歴史を伝え合い，学び合うこと。
終末	○日本の文化で何を外国人に伝えたいか。 ○教師の説話	・日本の文化や伝統で，今後も継承していきたいものや外国にも伝えたいものをあげる。	・世界遺産，アニメ，相撲，歌舞伎，剣道，和太鼓，四季など。

(5) 評価　主人公がとるべき行動を考えることで，日本人としての自覚をもつことができたか。

◆授業の実際◆

教材の概要 知子は中学校2年生の夏休みに，ニュージーランドでホームステイを体験する。英会話に自信がある知子は，準備していた自己PRを行い，ソニアにほめられて有頂天になる。ところが，日本人は勤勉だがエコノミック・アニマルだと言われていることについてソニアから意見を求められても，知子は何も答えることができない。日本のよさを伝えようと京都や箸の話をしても，ソニアに関心をもたれない。そこで，日本人としての自分を深く自覚した知子はソニアとも心が通い合うようになり，帰国する。

❶導入

生徒が，これまでの国際交流の経験を思い出すことから授業は始まる。生徒からは「小学校からずっと，ALTの先生の授業を受けてきた。」という発言が出るであろう。他には，小中学校に外国人が訪問して，一緒に遊びや勉強をしたり，給食を食べたりした経験を話す生徒や自分の家庭に外国人がホームステイをした経験をもつ生徒がいるかもしれない。国際交流というと堅い感じがするが，国際社会である今日は，身近に外国人の方々を見かけることも多く，接する機会も多い。身近な話題として，生徒の興味・関心を高めてから展開へと入りたい。

❷展開

まずは，教師が教材の前半（最初から，日本の中学生としてもう少し日本のことを勉強してくるべきだったと思う場面まで）を読む。教師は「ここで知子は，どんなことに悩んでいるだろうか」と尋ねる。生徒からは「知子はソニアに英語力をほめられるなど順調なスタートをきったが，コミュニケーションがうまくいかずにいろいろ悩むことが出てきた」等の意見が出てくる。こうした問題状況を以下のようにまとめていった。

・海外派遣で英会話には自信があった。
・準備をしていた自己PRをソニアにほめられて有頂天になった。
・日本人がエコノミック・アニマルと言われていることに意見を求められて困った。
・日本のよさを伝えようと京都の建築物の話をしたが，ソニアにうまく伝わらない。
・日本の箸の文化の由来を聞かれて，答えることができなかった。

ここでは，主人公の知子は英語力があるだけで，日本の伝統文化や日本人としての考えをソニアにうまく伝えられないこと，上手にコミュニケーションがとれていない状況で苦悩している点を理解する。

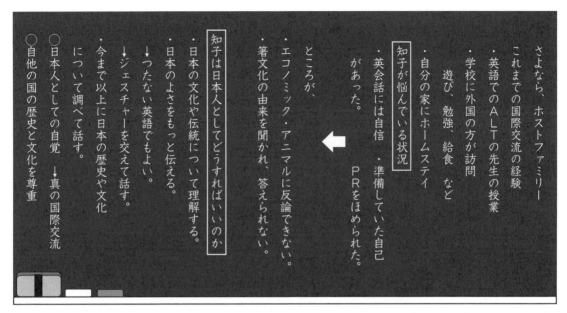

次に、「知子は今後どうすればよいか」を問いかける。生徒たちは自分の考えをまとめた後、グループで話し合う。「知子は拙い英語でよいので、日本の文化や伝統について一生懸命伝えるとよい」「自分の思いや気持ちをジェスチャーつきでもっと伝えてみてはどうか」「今まで以上に日本の歴史や文化について学び、外国の人にもきちんと話せるようにすべきだ」といった考えが出される。

流ちょうに英語を話すことよりも、日本人としての自覚をもち、日本の文化や伝統についての情報や自分の思いや考えをしっかりと伝えることが、真の国際交流になることを押さえる。日本の文化や伝統についてもっと深く学ぶとともに、日本人としての自覚をもって考え議論できるようにする。

教師が教材の後半を範読した後、知子は海外派遣でどんなことを学んだかを確認する。生徒からは「日本のことを真剣に考えることができた」「本当のコミュニケーションとは何かを考えることができた」「日本人としての自分を知ることができた」等の考えが出される。日本の素晴らしさ、日本人のよさについてみんなで考えられる。

❸終末

日本の文化でどんなことを外国人に伝えたいかを考える。生徒からは、京都や奈良等の世界遺産、アニメ、相撲、剣道、歌舞伎、和太鼓、四季などが出された。日本の文化や伝統で、今後も継承してきたいものや外国にも伝えたいものも話し合う。

最後に『私たちの道徳』の208頁を見て、海外で親しまれている日本の文化を理解し、209頁に載っているアンケート調査の結果を読みとる。こうした日本の伝統文化に関する知識・情報をもとに、日本人のよさや日本の素晴らしさはどこかをみんなで考えたい。　　　　　（丹羽　紀一）

18 内容項目 C−(18)国際理解，国際貢献
教材名：国により異なる食事のマナー

柳沼良太の"ココ"がおススメ！

世界中の国々の文化や価値観は多種多様であるため，それらを理解することは簡単ではない。日本の文化や価値観を外国人に押しつけるのもよくないが，日本の文化を知らずにマナー違反をした外国人に何も教えないのもよくないだろう。上手に互いの文化や価値観を理解し合い，尊重し合うためにはどうすればよいかを考えることができる授業である。外国人に自国の文化を適切に紹介したり，相手の国の文化も謙虚に学んだりする中で，深い国際理解が成り立つ。

◆本時の問題解決的な学習のポイント◆

❶問題解決的な学習で深まった価値を確かめ合う

導入と終末で，「他国を理解するためには何が必要か」を考えることで，問題解決的な学習を通して深まった本時の道徳的価値に関する考えを確かめていくことができるようにする。例えば，導入では「他国をよく知ることが必要だ」という考えが，終末では「互いの国の文化や価値観を理解し，尊重し合うことこそ大事だ」などと深まるようにする。

❷解決策を具体的に考え合う

ホームステイに来たキャシーが丼を持たずにご飯を食べている場面で，自分ならどうするかを考える。キャシーは決して日本のことを受け入れていないわけではなく，日本人と一緒に楽しく活動したり，箸も使ったりするなど，日本になじもうとしている。また，ホームステイの期間は1ケ月であり，そのまま受け流しても済む問題かもしれない。主人公の良美は，そのような状況でも「丼や茶碗を持ってご飯を食べることを伝える」という判断をした。しかし，ただ伝えるだけでは，キャシーは不快に思ってしまう。そこで，「キャシーが日本の箸文化を受け入れていることを認め励ましながら伝える」「私も女の子の国の食事マナーを理解することが大切である」といった解決策を考えていく。

展開の後半では，自分の考えた解決策の有効性を考えるために役割演技を行う。解決策を具体的な言葉にアレンジしながら，女の子が不快にならないための声かけを考えていく。

◆指導案◆

(1) **主題名** 他国の文化の理解と尊重
(2) **教材名** 国により異なる食事のマナー(丹羽紀一作)
(3) **ねらい** 他国の女子生徒に日本の食事マナーを伝えるか否かを迷うときにどうしたらよいかを考えることを通して,他国を理解,尊重した道徳的判断力を養う。
(4) **展開の大要**

	学習活動	ねらいにせまる手立て	生徒の反応
導入	○他国を理解するためには何が必要かを考える。	・他国と日本の違いがわかる例を示すことで,生徒が自分の考えをもちやすいようにする。	・他国のことをよく知ることが大切だ。
展開	◇前半を範読する。 ○問題の状況を把握し,自分ならどうするかを考える。 ○役割演技をして,解決策を再検討する。 ◇後半を範読する。 ○私が問題解決した過程を確認する。	・まずは個人で考え,班,学級全体の順で交流を行い,解決策を検討していくようにする。 ・自分がキャシーの立場なら,そうされていいか」と問いかける。 ・他国の文化を尊重しながら,日本の文化も伝えていく策が出てくるようにする。 ・交代で私の役となり,班のメンバーを他国の女の子に見立てて,解決策を演じ,その有効性を検討する。 ・私が国際理解の意味をどう捉えたかを確認する。	・キャシーは茶碗を持たずにご飯を食べている状況である。 ・箸を使っていることを尊重しながら,丼を持つことを話す。 ・彼女の国の食事マナーを尊重しながら,丼を持つことを話す。 ・相手の国も尊重すると,素直に受け入れられる。 ・一方的に非難すると,不快に思うだけ。 ・互いの文化を理解,尊重し,学び合いたい。
終末	○再度,他国を理解するためには何が必要かを考える。 ○教師の説話	・他国の伝統や文化を学び,他国の人の気持ちを理解,尊重することが真の国際理解になるという考えが出るとよい。	・もっと他国のことを勉強したい。 ・互いの気持ちを理解,尊重して接したい。

(5) **評価** 主人公や他国の人の立場となり,他国を理解,尊重した道徳的判断ができたか。

◆授業の実際◆

教材の概要 他国に興味がある私の家にアメリカの女子中学生キャシーがホームステイに来た。彼女は日本になじみ，日本での生活を楽しく過ごしていた。キャシーが住むアメリカではナイフとフォークを使って食事をするが，日本では箸を使って食事をとることになる。彼女は箸を使えるようになったが，茶碗を持たずに食べていた。家族でうなぎを食べに行った店でも，丼を持たずに食べている。他の客の視線が気になる私は，キャシーにどう接したらよいかを迷う。

❶導入

導入では，教師が生徒に「他国を理解するためには何が必要だと思いますか」と問いかける。これだけでは，生徒は何を答えてよいかわからないことが予想されるので，例えば他国と日本のトイレや交通ルールの違いなどを示すようにする。生徒からは，「他国の文化・風習などをもっと知ることが必要だ」等の発表がある。その後教師が，「今日は国際理解について，みんなで考えていきましょう」と話して，展開へと入る。

❷展開

教師が教材の前半（最初から，「みなさんならキャシーにどう接しますか」と問いかけるまで）を読む。まずは，「何が問題になっているのか」を問いかける。生徒からは「文化の違いで悩んでいる」「キャシーはまだ日本の文化を知らないのだから，茶碗を持たないのは仕方ない」等の意見が出された。生徒たちの意見をもとに以下のように問題状況をまとめていく。

・キャシーは日本になじもうとしている。
・私や私の家族，友達と一緒にスポーツやキャンプをして楽しんでいる。
・食事でも，箸の使い方に随分慣れてくるほど，日本になじもうとしている。
　　　　　　　　　　↓
・ところが，日本に来てからずっと，茶碗を持ってご飯を食べていない。
・うなぎ屋に行ったときにも，丼を持たずに食べている。
・彼女が食べている様子を見られるのが恥ずかしい。
・私は，そんな彼女に対してどうしたらよいかを悩んでいる。

次に，教師が「もし自分が主人公だったらどうしますか」と問いかける。はじめに個人で考える時間をとり，ワークシートに考えを記入する。次に，グループ学習で交流し，意見をまとめていく。最後に，全体交流を行うことで考えを深めていく。

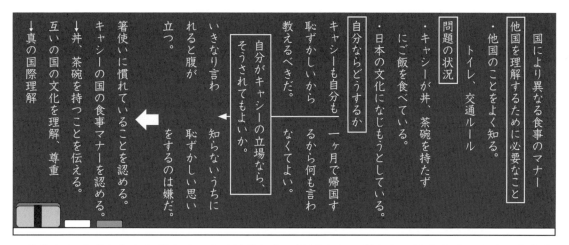

　生徒からは「きちんと教えるべきだ」「すぐに帰国するのだから，教えなくてもよい」などの考えが出る。ここで議論を深めるために，教師が「自分がキャシーの立場なら，そうされてもいいかな」と問いかける。すると，生徒から「自分の文化を軽視されているようで気分が悪い」「一方的に言われると腹が立つ」「自分が知らないために恥ずかしい思いをするのは嫌だ」と言った考えが出てくる。そこで生徒は第三の解決策として次のような解決策も出してくる。

・キャシーが箸使いに慣れていることをほめながら，丼を持つマナーについても話す。
・キャシーの国の食事マナーを認めながら，丼を持つことを話す。

　次に，学級全体の場で導き出した解決策について，班単位で役割演技をしていき，再検討する。班のメンバーが交代で「私」の役となり，別のメンバーがキャシーの役になり，様々な解決策をアレンジしながら，具体的な言葉で伝える。言われたキャシー役がどういう気持ちになるのかを確認し，不快な思いをする場合は，必要に応じて解決策を修正していく。

　最後に教師の後半の範読を聞き，私とキャシーが互いの国の食事マナーを理解，尊重しながらこの問題を解決していったことや私が国際理解の意味をどうとらえたかを確認する。

❸終末

　再度，他国を理解するために何が必要かを考える。本時で取り上げた食事のマナーの他にも，衣服や仕事に対する考え方など，他国と日本で異なる文化はいくつもあることを指摘する。『私たちの道徳』の「異文化の理解」215頁などを参考にして，伝統や文化を互いに理解し，尊重し合うことが真の国際理解になることについて生徒の考えが深まるようにする。

　教師の説話では，世界貢献に話を広げる。日本では水と安全はタダであるように思いがちだが，世界では飲み水が貴重な地域もあれば，紛争が絶えない地域もある。私たち日本人が世界に貢献できることも多々あることを示唆して授業を終える。

（丹羽　紀一）

国により異なる食事のマナー

　世界の国々には，独自の料理が存在する。例えば，インドと言えばカレー，イタリアと言えばパスタ，日本と言えば寿司などが頭に浮かぶ。
　国によって，食べ方も異なる。インターネットで調べてみると，世界の約３割の人が箸で，４割が手で，残り３割がナイフ・フォーク・スプーンで食事をしているとの統計があるそうだ。私たちが住む日本など，東アジアでは箸を使うことが多く，パンなど一部の食べ物を除いて手づかみで食べることは行儀が悪いとされる。
　また，食べるときに，食器を持つ国と持たない国がある。ナイフとフォークを使って食事をする国は，両手を使うので，当然食器は持たない。日本では，食器を持たずにご飯を食べることは行儀が悪いとされ，「犬食い」と言われることもある。私は，家族と食事をしているときに，何の悪気もなく食器を持たずにご飯を食べてしまうことがある。そのようなときには，すかさず親から，
「良美，きちんとお茶碗を持ってご飯を食べなさい。」
と注意をされる。私は，口答えをすることもあるが，行儀が悪いことは理解しているのですぐに直す。
　今年の夏，私にとって大きなできごとがあった。アメリカの女子中学生キャシーが，私の家に１ケ月間ホームステイに来たのだ。キャシーは，初めての来日とは思えないほど日本になじみ，私や私の家族，友達と一緒にスポーツをしたりキャンプに行ったりするなど，日本の生活を楽しんでくれた。キャシーが帰国する日も，涙で別れを惜しんだ。
　しかし，この１ケ月間は，私とキャシーにとって，楽しいことばかりでなく，悩むこともあった。
　それは，キャシーがホームステイに来てから２週間後の週末，家族でうなぎを食べに行ったときのことだった。キャシーは，丼を持たずにうなぎ丼を食べていたのだ。箸使いは，ずいぶん慣れてくれたのだが……。キャシーは，これまで家でもずっと茶碗を持たずにご飯を食べていたのであった。周りには他の客が大勢おり，キャシーが食べる様子を見られることに恥ずかしい気持ちがした。何よりキャシーが食事をしている姿を見ると何となくよい気分がしなかった。
　みなさんなら，キャシーにどう接しますか。

　私はその後勇気を出して，キャシーに「丼を持って食べるのが日本の食事のマナーだ」ということを伝えた。彼女は「なぜいけないの」という表情を浮かべたが，その後は丼を持ち，残りのうなぎ丼を食べた。ところが，何となく気まずい雰囲気になってしまった。それ以降彼女は，家でも茶碗を持ってご飯を食べてくれるようになったのだが，私と彼女の関係はぎこちな

いものになってしまった。

　１週間後，今度はキャシーが住む国の料理を食べに行くことになった。彼女が住む国は，ナイフとフォークを使って食べることがマナーの基本となる。私は，それらを使って食べることが苦手であった。

　店に行く途中の車の中で，彼女が口を開いた。

「この間は，良美に食事のマナーのことで注意をされたときに，怒ってごめんなさい。あのときは，何だか私の国の食事マナーを否定された気持ちになってしまって……。でも，その後，インターネットで調べてみると，日本では食器を持って食べることがマナーだときちんと書いてあったの。できていないと恥ずかしい思いもするとも。」

「私こそ，これからあなたの国の料理を食べるせっかくの機会なのに，ナイフとフォークを使うことのわずらわしさだけが頭にあって……。あなたが箸を積極的に使ってくれたように，私も積極的にナイフとフォークを使っていくことにするわ。」

と，私はキャシーにこう言うと，互いの目が合い，自然に笑顔になった。

　この後，楽しい食事の時間となったことは言うまでもない。

　私と彼女は，互いの国の文化を理解，尊重するとともに，互いの国の文化を学び合うことが，国際理解の一歩だと学んだ。

（丹羽紀一作）

◆ワークシート◆

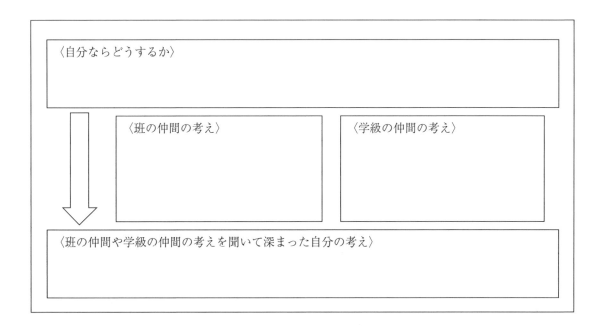

19 教材名：白紙のドナーカード
内容項目 D −(19)生命の尊さ

柳沼良太の"ココ"がおススメ！

　生命尊重とは何を意味するかを根本的に考えさせる授業である。脳死状態の近親者の臓器提供をめぐる問題であるため，これは大人でも判断に迷うであろう。この授業では脳死状態と臓器提供に関する正しい知識を生徒に提供したうえで，どうすればよいかを熟考している。簡単に正否を決めるのではなく，生命のあり方を根本的に考え，どう生きるべきかを話し合える展開になっている。微妙な立場を数直線に位置づけ，その根拠を示し合うところが有意義である。

◆本時の問題解決的な学習のポイント◆

❶臓器移植ドナーカードをもとに考え合う

　中学生の段階では，自分に近しい人の死に遭遇した経験がある生徒は少なく，命の尊さについて深く考える機会はそう多くはないだろう。身近にある臓器移植の問題について取り上げ，様々な命を大切にする考えに触れ，命の存在・大切さを再認識し，自他の生命を尊重し，かけがえのないものとしてとらえることのできる心をはぐくみたい。また，ドナーカードを教材として扱うことで，意思表示をする大切さも伝えることができるとよい。

❷オープンエンドで考え合う

　問題解決的な学習では，脳死状態になった妻をドナーとして臓器を提供し，別の人の命をつなぐか，そのままにして自然に心臓が止まるまで待ち，彼女の命を存続させるかを考えたい。本時の授業では，どちらかの選択が正しいと結論づけるのではなく，生徒が自分の選択を根拠づけて判断し，その根底に命の大切さを深く理解していることを重視する。

　生徒が考え議論するための予備知識として，（1）脳死状態になった場合,その多くは数日で心臓が止まること（2）臓器移植の意思を表していない場合,家族の同意があれば臓器提供を行うことができること（3）臓器移植は心停止してからだと提供できる臓器が限られていること（4）臓器の需要と供給には大きな差があることなどをわかりやすく説明しておく。また,臓器の提供者とその家族，臓器の提供を受ける者とその家族など様々な立場を考慮する必要がある。

◆指導案◆

(1) **主題名** かけがえのない命
(2) **教材名** 白紙のドナーカード(加納一輝作)
(3) **ねらい** 命は代替不可能でかけがえのないものだが、他の人につなぐことができる場合もあるということを理解し、生命を尊重することの意義を考える。
(4) **展開の大要**

	学習活動	ねらいにせまる手立て	生徒の反応
導入	○「命」について考える。 ○臓器移植について知っていることを発表する。 ◇臓器移植・脳死状態にかかわる情報を提示する。	・生徒が「命」についてどのようにとらえているかを確認する。 ・臓器を移植すると、他の人に命をつなぐことができるということを理解する。	・かけがえのないもの。 ・1人に1つしかない大事なもの。 ・ドナーカードなら知っている。
展開	◇教材を読む。 ○何が問題か。 ○臓器提供をするかどうか、理由を合わせて考える。 ○班や学級全体で話し合う。 ○授業の内容を振り返る。	・対立する意見を確認する。 ・数直線を活用し、自分の意見がどちらに傾いているかを見ることができるようにする。 ・個人での考えを班で交流し、それぞれの立場を選んだ理由を交流させるようにする。 ・「なぜその選択をしたのか」の理由を板書にまとめ、全体交流の後に振り返り、どちらも命を大切にした思いがあることを押さえる。 ・どちらかの選択肢がよいのではなく、自分の意思をもって決めておくことが大切であることを押さえる。	・妻の心臓は動いているし、体温もあるので体は生きていると思う。臓器移植をするということは、その心臓さえも止めてしまうから、臓器移植はしたくない。 ・臓器移植をすれば、もう助からず、そのままではなくなってしまう命を次につなげることができるから、臓器移植をしたいと思う。
終末	○命について、本時で深まった考えを振り返る。	・考える前の自分の「命」のとらえ方と比べて書くように視点を与える。	・自分の中で命をどうとらえるかを考えて、決めていきたい。

(5) **評価** 複数の関係者の視点から生命の尊さを多角的に考えることができたか。

◆授業の実際◆

教材の概要 最愛の妻が交通事故に遭い、脳死状態になった。夫である私は、妻と臓器移植について話し合ったことを思い出す。脳死と判定される前と後に差はなく、心臓は動き続け、愛する人の体は温かいまま、そこにある。臓器移植をするかどうか。私は白紙のドナーカードを見つめるが、答えは出ない。

❶導入

まず、教師が「命についてどのようなイメージをもっているか」と問いかける。生徒からは「自分にも他人にも1つしかない最も大切なもの」「親から受け継ぎ、子孫につないでいくもの」などの意見が出る。こうした生徒の考えを認めた後で、教師は「臓器移植について知っていることがありますか」と問いかける。生徒からは「たとえば肝臓の病気がある人が、亡くなった人から臓器を提供してもらい、病気が治る」「臓器移植する意思を示すドナーカードを見たことがある」などの考えが出てくる。

ここで脳死状態や臓器移植に関する基本情報として臓器提供意思表示説明用リーフレット（https://www.jotnw.or.jp/jotnw/pdf/pdf6.pdf　日本臓器移植ネットワーク）などを用いて説明する。

①臓器の病気で困っている人が多く、需要と供給において供給が極端に少ない。提供を受けられず亡くなる方が多い。
②脳死状態での臓器提供は、心停止してからの臓器提供と比べて、提供できる臓器の種類が多い。
③脳死状態と植物状態との定義の違い。脳死状態の人の多くは数日で心臓が止まる。
④本人が臓器提供の意思を明確にしていない場合、家族の同意があれば臓器提供を行うことができる。

教師はドナーカードを示して、「臓器提供をするメリットはたくさんありますが、自分の身近な人が脳死状態で臓器を提供する場合は、いろいろ困った状況になるかもしれません。今日はこの臓器移植の問題を取り上げて、命の大切さについて考えていきましょう」と述べる。

❷展開

教材を読んだ後、教師は「ここでの問題は何か」と問いかける。生徒からは「大切な人が脳死状態になったとき、その臓器を他の人に提供できるかどうか」「愛する妻の脳死状態をどう受けとめるかが問題だ」などの意見が出る。

次に、教師は「大切な人が脳死状態になったとき、臓器を提供しますか」と尋ねる。4択の数直線を用いて、どちらに偏っているかを見えるようにする。生徒個人の考えとその理由をワ

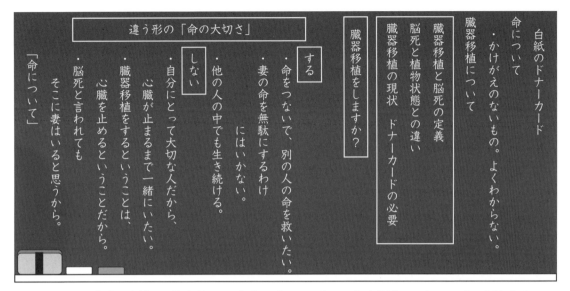

ークシートに書き，黒板の数直線下に自分のネームプレートを張り，グループで交流する。

小さいホワイトボードに班ごとの考えを書き出し，黒板に張って発表する。他の意見を聞いて自分の考えを見直したり，変化を見つめたりできるようにする。班交流の際には，「お互いの意見を聞いて，なぜそう判断したのか，逆側の選択をしなかったのかを聞き合い，自分の考えを整理しましょう」と投げかける。

生徒からは，提供する立場であれば「妻の命がなくなってしまったことは受け入れがたいけれど，他の人に命をつないでその人の中で彼女も生き続けてもらいたいので２にしました」という考えが出る。一方で，提供しない立場では，「心臓が止まるまで身体は温かいので，最後まで生きてほしいため，３にしました」という考えも出てくる。

展開後段では，臓器移植を受けられずに多くの人たちが亡くなっていった物語を示す。臓器移植を求める人たちは年間13,000人もいるが，実際に受けられるのはその２％の315人ほどであることを伝える。臓器移植を待つ人たちやその家族の切実な願いがあることを考える。最後に，再び自分なら臓器を提供するか否かを判断して，数直線上にネームプレートを置き直した。移動した生徒からは，「個人としての命はなくなっても，社会の中で命をつなぐことになるので，３から２にしました」などの意見が出る。

❸終末

「今日の授業を振り返って，みんなは命についてどんな考えを深めることができましたか」と問いかけ，本時を振り返る。生徒からは，「人の命を違った形でつなぐことができることがわかった。でも，その人はその人でしかない，かけがえのないものだということにも気づいた」「答えはなかなか出なかったけれど，自分の中でどんな形で命を大切にしなければいけないかを考えて，これから決められるようになりたい」という意見を発表し合った。（加納　一輝）

白紙のドナーカード

　つい先ほど，病院から電話があった。妻が交通事故に遭い，意識不明との電話だった。突然のことに混乱しつつも，職場の上司に事情を話し，病院へ向かう。ふらふらとタクシーから降り，病室へと向かった。
　妻がいる病室に通された。交通事故と聞き，傷だらけと思っていたが，そうではなかった。妻は眠っているようにしか見えなかった。それくらい，外傷らしい外傷がなかったのだ。ただいつもと違っているところといえば，人工呼吸器が付いているということだ。「事故で頭を強打し，深いこん睡状態にある。あらゆる手を尽くしたが，今のところ回復の見込みがない」。担当の医師はそのような内容を説明し，最後に「およそ6時間後に，再び検査をします。そのときにこの状態のままでしたら，脳死ということになります。我々も最善を尽くしますが，覚悟をしておいてください」と告げた。
　6時間，私は病室にいることにした。妻に「死」が迫っていると思うと，そうせずにはいられなかった。妻の手を握りながら，頭の中にふと「臓器移植」の単語が浮かんだ。

　妻と臓器移植について話したことがある。脳死の状態についてのことや，臓器移植によって助かる命があり，大勢の人が移植を待っていること。沢山のことを調べ，話し合った。
　妻は「私は，私が脳死状態になったら，もう生き返ることはできないんだし，臓器移植に使ってもらって他の人へと命をつなぎたいなって思うわ。けど，あなたが死んだら，しかもそれが脳死だったら，どうすればいいかわからないね。」
　私もまったくの同意見だった。議論はそこで終わり，結局はそのときになってみないとわからない，という感じになった。用意したドナーカードも，白紙のままだ。
　6時間が経ち，担当の医師が来た。一通りの検査を終えた後，「0時32分，ご臨終です」と言った。

　医師が立ち去った後も，私はその場に居続けた。脳死状態については，よく理解していた。しかし，ご臨終と言われる前と後で差はなく，ただ眠っているように思える。人工呼吸器をつながれてはいるが，手を握ればその温かさを感じることができるし，心臓も動いている。死後硬直もしていない。「死」を感じとれる要素は，何一つ，ない。明日になれば目覚め，いつものように元気な笑顔を見せてくれる。そんな気がしてならなかった。
　財布から，白紙のドナーカードを取り出す。このままにしておいたところで，生き返ることはない。それならば…，いや，しかし…。
　白紙のドナーカードをいくら見つめても，答えは出ない。

（文：加納一輝）

◆ワークシート◆

1．「命の大切さ」についてイメージすることを書いてください。

2．あなたならどうしますか？

　　　　　する　1 ─── 2 ─── 3 ─── 4　しない

理由：

【仲間の「いいな」「なるほど！」と思った考え】メモ欄

3．今日の授業で命の大切さについてわかったこと
◆わかったこと

◆再び脳死状態の臓器移植について…

　　　　　する　1 ─── 2 ─── 3 ─── 4　しない

なぜ，そのように考えたのですか？

20 内容項目D−(20)自然愛護
教材名：南洋のキラ

柳沼良太の"ココ"がおススメ！

　村長の立場で美しい自然環境を守るか，保養地としての開発を推進するかで迷う教材である。この問題を単純なモラルジレンマとしてとらえず，2つの考えを両立させる第三の解決策を考えるところが，この授業のポイントである。地域住民にとって本当に幸せな生活を送るためにどうすればよいか，村長の立場で大局的に熟考することのできる授業展開である。社会科に関連づけて，持続可能な社会のあり方を考えるうえでも有意義である。

――◆本時の問題解決的な学習のポイント◆――

❶自然愛護と豊かな生活のバランスを考える

　生徒は，自然環境を大切にすることについて，小学校のときから各教科や総合的な学習の時間などで学んできており，自然愛護の大切さをある程度は理解している。そして自然は，生態系を維持したり，人の心を癒やしたりするうえでも必要であることも理解している。
　一方で，人が豊かな生活を送るために，住んでいる町の発展は欠かせないことであり，周辺に自然がほとんどない場所で生活している生徒もいる。本時を通して，自然愛護と豊かな生活のバランスをどうとることが大切なのかを考えていけるようにする。

❷Win-Winの解決策を考える

　本教材の問題解決的な学習では，主人公キラが村長を務めるカラウ島の開発を進めるか，カラウ島の自然を守るかを考える。開発を進めることによって，島は活気のある町へ発展し，出稼ぎしている人たちが再び島へと帰ることができる。しかし，島の自然環境は確実に変化する。生徒は単純に「開発を進めるべきだ」あるいは「島の自然を守るべきだ」という二者択一で考えるのではなく，「自然を守る地域と開発を進める地域をつくる」「自然と融合した開発になるよう工夫する」「島の自然をアピールして観光客を呼び寄せる」「開発を進める際には環境アセスメントを定期的に行う」といったWin-Winの解決策も考えられるようにする。どのような解決策にも，根底には自然愛護や社会の持続可能性を求める意思があることを確認する。

◆指導案◆

（1） **主題名** 自然愛護
（2） **教材名** 南洋のキラ（出典：『道しるべ3』正進社）
（3） **ねらい** 自然を愛すことを大切にしながら，環境問題の解決に向けて考え，取り組むことができる道徳的判断力を養う。
（4） **展開の大要**

	学習活動	ねらいにせまる手立て	生徒の反応
導入	○自然愛護と関連した事例を出して，考えを発表する。	・必要に応じて，「愛護」の意味を説明する。 ・環境問題と結びつけて考えるように声をかける。	・自然は守らなければならない。 ・森林破壊，土壌汚染などの環境問題がある。
展開	◇教材を範読する。 ○村長であるキラが抱えている悩みは何かを考える。 ○キラは，どうしたらよいかを考える。 ○生徒が住む地域の環境問題について考える。	・「開発を進めること」と「自然を守ること」にはそれぞれ理由があることを押さえる。 ・「開発を進めれば自然環境は変化するが，それでもよいか」「開発を断ることで人口流出や貧困生活が続くがそれでもよいか。」と投げかける。 ・自然愛護がなされる中で島が繁栄する方法が出るとよい。 ・宅地開発やダム建設など，新たな課題に取り組むことで，道徳的価値の理解を深める。	・カラウ島の開発を進めるか自然を守るかで悩んでいる。 ①活気のある島にするために開発すべきだ。 ②島の宝である自然を守るべきだ。 ③自然を守る地域と開発を進める地域をつくる。 ・必要ならばやむを得ないが，自然愛護の精神は大切にしたい。
終末	○自然愛護について授業の中で考えたことを発表する。 ○教師の説話 　福島原発事故を提示	・人として豊かな生活を送ることは大切だが，自然に対して謙虚に向き合うことも大事。 ・エネルギー問題などを取り上げ，発展的な学習につなげる。	・住民がよりよい生活を送ることは大切だが，一方で自然環境を守ることも重視していきたい。

（5） **評価** 自然を愛すことを大切にした道徳的判断をすることができたか。

◆授業の実際◆

教材の概要 南洋にある自然が豊かで美しいカラウ島。しかし，島は貧しく，多くの村民は出稼ぎに行ってしまう。そのような現状を，村長であるキラは，少年のころから憂いていた。そんなカラウ島に，先進国の大企業による保養地としての開発の動きが出てきた。開発が行われれば，島は活気のある町へと発展し，出稼ぎしていた人たちが再び島へ帰ることができるかもしれない。しかし，島の自然環境も確実に変化するだろう。キラは，島の開発を進めるべきか，それとも島の美しさを残していくべきかで悩む。

❶導入

　自然愛護のテーマと関連した簡潔な事例を出す。例えば，「近くの森を開拓して大きな工場ができたら嬉しいかな」と問う。生徒たちは「自然を守った方がいい」という意見や，「地域が活性化するから工場を誘致した方がいい」などの意見を出し合う。この問題は森林破壊，土壌汚染，不法廃棄物などの今日的問題にも結びつくことを確認する。
　そして教師が「今日はこうした環境の問題について考えていきます」と述べて展開へ移る。

❷展開

　教師が教材を読んだ後，「村長である主人公キラが抱えている悩みは何か」を尋ねて，問題状況を確認する。
　生徒からは，「村長のキラは，少年のころから，祖父がよく自慢していた島の大自然と，出稼ぎのため家族が離ればなれに生活しなければならない現実のギャップに悩んでいる」「キラは村長の立場として，島の開発を進めることで活気のある町にしていき，村民が豊かな生活を送ることができるようにすることと，島の美しさを守り，象徴であるアオサンゴや珍種に属するちょう，花を守っていくことのどちらを選ぶべきかを悩んでいる」といった考えが出る。
　こうした生徒たちの意見をまとめながら，教師が「村長のキラは，カラウ島の開発を進めるべきか，島の自然を守るべきかで悩んでいるのだね」といった言葉で，村長の悩み（問題の状況）を簡潔にまとめる。
　次に，教師が「村長のキラは今後どうしたらよいだろうか」と問いかける。まずは，生徒一人ひとりが自分の考えをまとめ，ワークシートに書いていく。次に，グループで交流し，各自がどのような考えをもったかを確認し，グループでの意見をまとめる。ここでは①「開発を進める派」②「自然を守る派」③「その他」の考えが多様な形で出るようにする。グループごとにどの立場を支持するか考え，その理由も提示できるようにする。「その他」で第三の解決策も自由に考えてよいことにする。

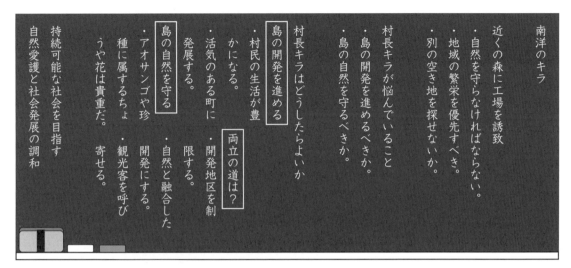

教師が生徒の議論を活性化させるために,次のような発問を投げかける。

| 開発推進派 | ➡ | 「開発により自然環境は確実に変化するが,それでもよいか」 |
| 自然保護派 | ➡ | 「開発を断ることで人口流出や貧困生活が続くが,それでもよいか」 |

　生徒はグループで発問に対する答えを考え議論する。グループごとに意見をまとめ,全体交流に入る。ここでは①「活気のある島にするために開発すべきだ」あるいは②「島の宝である自然を守るべきだ」というどちらかに偏った考えではなく,③「自然を守る地域と開発を進める地域をつくる」「自然と融合した開発になるよう工夫する」「島の自然を売りにして観光客を呼び寄せる」「開発を進める際には環境アセスメントを定期的に行う」といった,どちらも大切にしていくことができるWin-Winの解決策も考えていく。

　展開の後段では,教材の内容と関連させ,生徒が住む地域の環境問題について考える時間をとる。宅地開発,不法廃棄,ダム開発など,日本各地でカラウ島と同じような問題がある。それらについていくつか紹介し,議論を発展させる。

❸終末

　環境保護と開発推進の関係について授業中にグループや全体討議で考え議論して深まったところをワークシートに書き記す。生徒からは「よりよい生活を送るために開発を進めることも大切だが,できるだけ自然環境を守るような方針で行うべきである」「どこまで自然愛護をすれば持続可能な社会であるかをよく見極めて,開発に取り組む必要がある」「自然の力によって人は生かされているという気持ちを決して忘れてはならない」といった考えが出される。

　教師の説話では,本時にかかわる時事問題として福島原発事故の問題を取り上げることで,エネルギー問題に関する発展的な学習につなげる。

（丹羽　紀一）

21 内容項目D−(21)感動,畏敬の念
教材名：杉原千畝

柳沼良太の"ココ"がおススメ！

　杉原知畝のような偉人・先人の話はそのまま読むだけでも深い感動がもたらされる。この授業では，知畝の精神的な葛藤を追体験し，自分ならその歴史的舞台でどう判断するかを考えるとともに，いかにしてその英断がなされたかを熟考する。歴史的背景や政治的状況も踏まえて多角的に判断するよう促すことで，道徳科だけでなく社会科や総合的な学習にもつながる。人道的な配慮に畏敬の念を覚えるとともに，今後の探求的な発展学習にもつながる授業である。

◆本時の問題解決的な学習のポイント◆

❶偉人を題材に気高い生き方を考える

　人は気高い偉人の生き方に対して感動する心をもっており，生徒はよい影響を受けることも多い。本時を迎えるにあたっては，杉原千畝のことを調べる学習を事前にもちたい。そのための授業を設けて個人や班で調べたり，放課後や家庭で自主学習したりする。そして，授業の導入では，調べたことを交流し，彼の功績を確認したり彼に対する興味を深めたりしたうえで授業の展開へと進む。そのことが，生徒が千畝の立場となり，真剣に問題解決的な学習に取り組むことにつながるとともに，彼の気高い生き方を実感しやすい。

❷無理に結論を出さずに多様に考える

　千畝がユダヤ人難民の命を救うために外務省の訓令に反してビザを出すかどうかを悩んでいるという問題状況を詳しく把握する。そして，自分ならビザを発行するかについて考える。生徒は，自分なりに考えた理由とともに，「ビザを発行する」「ビザを発行しない」と述べる。ここでは無理に結論を出す必要はない。千畝がビザを発行する時に，いかに切羽詰まった状況であったか，自分の外交官としての立場や，彼や彼の家族の命が危険にさらされるかもしれないことを熟考したうえでの判断であったということを理解することが大切である。授業を通して，生徒には国境を越えて難民の命を大切にした千畝の勇気ある行動の意義を深く考えてほしい。

◆指導案◆

（1） **主題名** 感動する心
（2） **教材名** 杉原千畝（柳沼良太作）
（3） **ねらい** ユダヤ人難民をナチスによる大虐殺から救済するために日本通過のビザを発行した杉原千畝の行動を通して，万民の命を大切にする博愛の精神を育てる。
（4） **展開の大要**

	学習活動	ねらいにせまる手立て	生徒の反応
導入	○杉原千畝について調べたことを発表する。 ○どのような印象をもったか尋ねる。	・戦時中にリトアニアなどの外交官として活躍していたこと，多くのユダヤ人難民の命を救ったこと等を確認する。	・岐阜県八百津町出身。 ・戦時中に外交官として活躍し，ユダヤ人難民の命を救った人。
展開	◇前半を範読する。 ○千畝は，どんなことに苦しみ悩んでいるかを考える。 ○自分ならビザを発行するかを考える。 ◇後半を範読する。 ○なぜ千畝はビザを発行できたのだろう。	・ユダヤ人の生命尊重と職務の遂行，家族愛の狭間で葛藤する杉原千畝の立場を理解する。 ・発行する派に「そのことで職を失ってもよいか，命が脅かされてもよいか」を聞く。 ・発行しない派に「それでユダヤ人難民の命が奪われてもよいか」と投げかける。 ・外務省に反し，ユダヤ人の命を救うためにビザを発行した千畝の行動を価値づける。	・ユダヤ人の命を助けるためにビザを発行するべきかどうかで悩んでいる。 ・人として命を助けたい。仕事より命が大切だ。ビザを発行する。 ・外交官としての責任を果たすべき。家族や自分の命も危険だ。 ・多くのユダヤ人の命が救われたのだから，判断は正しかった。
終末	○授業の感想を述べ合う。 ○教師の説話	・ユダヤ人の命を守ることを決断し，ビザを発行した千畝の行動の素晴らしさを押さえる。	・人の命を守ることを，勇気をもち，決断した千畝はすごい。

（5） **評価** 杉原千畝の行動について考え，博愛精神について感得することができたか。

◆授業の実際◆

教材の概要 リトアニアの首都カウナスの日本領事館で代理領事をしていた杉原千畝は，第二次世界大戦中，ナチスによるユダヤ人大虐殺を逃れようとして難民となったユダヤ人6000人の命を救った日本人である。彼は，ドイツとの関係を深めていた日本の外務省の訓令に反して，失職することも，自身や家族の身に危険がおよぶことも恐れずにビザを発行したのである。

❶導入

事前に，生徒には千畝について調べてくるように伝える。本やインターネットに載っていることや家族に聞いたことを，簡単でよいので道徳ノートに書いてくるようにする。グループで調べて情報や知識をまとめておく。

授業では，千畝について調べたことを発表するところから始める。生徒からは，「第二次世界大戦中にリトアニアなどの外交官として活躍していた人」「多くのユダヤ人難民の命を救った人」といったことが発表される。また，岐阜県の加茂郡八百津町出身であることや，彼をテーマとした映画が公開されていることも紹介する。さらに，教師は「千畝の生き方にどのような印象をもっているか」を問う。歴史上の偉人を身近に感じられるようにする。

❷展開

教師の前半の範読を聞いた後，「千畝はどのようなことで悩んでいるのだろう」と問いかけ，問題状況を把握する。ある日の朝，ナチスの侵攻を受け，ポーランドから逃げてきたユダヤ難民の老若男女約百人が，公邸にしがみついている姿を見た千畝。その後，千畝は，代表者と話し合いをして，できるだけ協力したいと考える。ところが，「日独伊三国同盟」が調印されようとしていたときでもあり，同盟国であるドイツの意向に反するビザを発行することは難しい。

こうした状況を読み取り，生徒からは，「ユダヤ人を助けるために外務省の訓令に反してビザを発行するか，訓令に従ってビザを発行しないかで悩んでいる」という考えが出される。ここでは，下記のような考えで葛藤する千畝の状況や心情を押さえる。

・無差別に殺されるユダヤ人がかわいそうだ。
・第三国へ移住するために，できるだけ協力してあげたい。
　　　　　　　　VS
・外交官は，外務省の訓令には従わなければならない。
・外務省の訓令に反した行動をとることは，自分や家族の命を脅かすことにもなる。

> 杉原千畝
> どんな人か？
> ・リトアニアなどの国で外交官を務めた。
> ・多くのユダヤ人難民の命を救った。
> ・岐阜県八百津町出身。・映画化された。
>
> どんなことに困っているか。
> ビザを発行する。　×　ビザを発行しない。
> ・ユダヤ人が　　　　・訓令に反すれば
> かわいそうだ。　　　自分や家族の命
> 何とか命を救い　　　が脅かされる。
> たい。
>
> 自分ならビザを発行するか。
> ・人として命を助　　・外交官としての
> けたい。　　　　　　責任を果たす。
> ・仕事より命が　　　・家族や自分の命
> 大切だ。　　　　　　も大切だ。
> ・自分が大変なこ　　・ユダヤ人の命も
> とになったとし　　　大切だと思うが
> ても助けたい。　　　勇気がない。
>
> ニシュリと再会したときの気持ちは？
> ・多くのユダヤ人の命が救われたから、
> 自分の判断は正しかった。
> ・ユダヤ人の命を守ることを、
> 勇気をもち決断した千畝はすごい。

　次に，教師から「自分が千畝ならどうするだろうか」と問いかける。小学生ならば，多くの児童が「ビザを発行する」と答えるかもしれない。中学生でも「人として命を助けたい」「仕事より命が大切だ」等の理由でビザを発行するという生徒が多くいる。しかし，歴史的背景や政治的状況をよく理解した生徒は，簡単にビザを発行できないことを認識しているはずである。「外交官として外務省の命令に従うべきだ」「家族や自分の命が危険だから」「外国の難民のためにそこまでする勇気がない」等の理由でビザを発行しないという生徒がいてもよい。

　また，ビザを発行すると答えた生徒たちには，「それで職を失ってもよいか，命が脅かされてもよいか」を問い返す。ビザを発行しないと答えた生徒たちには，「発行しないことで，ユダヤ人の命が奪われてもよいか」と投げかける。そして，いずれの判断も人の命がかかわる究極の判断であることを押さえるようにする。

　教師の後半の範読を聞いた後に，「なぜ千畝はビザを発行したのだろう」と問いかける。生徒からは「多くのユダヤ人難民の命を救うために英断した」「自分の命や職業よりも人道的な配慮を優先した」という考えが出される。そこで，究極の判断として，外務省の訓令に反してユダヤ人の命を救うためにビザを発行した千畝の判断力，行動力を価値づけるようにする。

❸終末

　ここでは，生徒が授業の感想をじっくりと述べ合う時間とする。「人の命を守ることを，勇気をもち，決断した千畝はすごい」「私も人間として地球規模の博愛的な精神で行動ができる人になりたい」など，生徒が千畝の人命を第一に考えた人道的行為の意義を理解し，人間として正しい行動ができる人になりたいという願いをもつようになる。

　教師の説話では，千畝は後にイスラエル政府より賞を与えられたことや，岐阜県八百津町の「杉原千畝記念館」には，今なお多くのイスラエル人が訪ねてくることを伝える。（丹羽　紀一）

杉原千畝

　第二次世界大戦中，ナチスによるユダヤ人大虐殺を逃れようとして難民となったユダヤ人6000人の命を救った日本人がいました。リトアニアの首都カウナスの日本領事館で代理領事をしていた杉原千畝です。

　1940年7月27日の朝，千畝は外がやけに騒がしいのに気がつきます。外の様子を伺ってみると，建物の周りには老若男女が百人ぐらい公邸の鉄柵にしがみついて，こちらに何かを訴えていました。この人々はユダヤ人狩りを恐れ，ナチス・ドイツの侵攻を受けたポーランドから歩いて逃げてきたユダヤ人難民でした。彼らの願いは，ソ連や日本を経由して第三国（アメリカや南米）へ移住するために，日本を通過するビザを発行してほしいということでした。すでにオランダもフランスもドイツに敗れ，ナチスから逃れる道は，シベリアから日本を経由する道しか残されていなかったのです。

　千畝は，これらの人々の中から5人の代表者と話し合いをしました。千畝はできるだけ協力したいと考えましたが，数千人のビザを発行するのは公安上の見地から本国の許可が必要でした。千畝は外務大臣に伺いを立てるため，すぐに外務省に電報を打って問い合わせましたが，返答は「否」でした。最終目的地の入国許可をもたない者にはビザを発行できないという理由でした。難民は命からがら着の身着のままで逃げてきたので，だれもそんな許可証など持っていませんでした。

　千畝はあきらめずに2度，3度と外務省に電報を打ちましたが，許可を得ることはできませんでした。当時の日本は国際連盟から脱退し，国際的に孤立していたので，防共を旗印にして「日独防共協定」を結び，ドイツと関係を深めていました。直後の9月には「日独伊三国同盟」が調印されようとしていたときでもあり，ドイツの意向に反するビザの発行を許可することは困難な状況でした。

　千畝はとても苦しみ悩み抜いて，ほとんど眠れない夜を過ごしました。最後に「人道主義，博愛主義第一」という結論を出し，あえて訓令に反して自分の責任においてビザを発行する決意をしました。彼はただちにソ連領事館に行き，難民のシベリア通過のビザ発行の了解を得て，8月1日の早朝，領事館の前にいるユダヤ人たちに「ビザは間違いなく発行します。順序よく入ってきてください」と伝えました。その瞬間，ユダヤ人たちの間に大きなどよめきが起こり，互いに抱き合い，躍り上がって喜びました。

　しかし，8月3日にはソ連軍がリトアニアを併合し，外国領事館の退去命令が出され，日本領事館にも退去命令が出されました。千畝は退去のぎりぎりまで，朝から晩まで1日に100枚以上ものビザを書き続けました。効率を上げるために，番号づけや手数料徴収もやめました。用紙はすぐになくなり，すべて手書きでビザを書きました。

　ついに外務省より「領事館は閉鎖してベルリン大使館へ行け」との電報が来ます。8月28日，

彼はやむを得ず領事館を閉鎖し，ホテルに移りました。領事館の張り紙を見て，ホテルにもユダヤ人たちがやってきました。千畝は彼らのために嫌な顔をせず，ありあわせの紙でビザを書き続けました。9月1日早朝，千畝はベルリン行きの国際列車に乗り込みました。そこにもビザを求めて何人かのユダヤ人たちが来ていました。千畝は窓から身を乗り出してビザを書き続けましたが，ついに汽車が走り出します。「許してください，私にはもう書けません。みなさんの無事を祈っています」。千畝は苦しそうにそう言うと，ホームに立つユダヤ人たちに深々と頭を下げました。

　千畝の書いたビザは2139通でした。家族兼用の旅券所持者もいたので，千畝の発行したビザで命を救われたユダヤ人らは，約6000人に上ると言われています。ビザを受けとったユダヤ人たちは，数百人ごとの集団となって，列車で数週間をかけて，シベリアを横断しました。ウラジオストックの日本総領事は，千畝の発行した正式なビザをもつ人を通さないと海外に対する信用を失うことになると外務省を説得しました。日本郵船のハルピン丸が，ウラジオストックと敦賀（福井県）の間を週一回往復してユダヤ人たちを運びました。1940年10月6日から翌1941年6月までの10ヶ月間で，1万5千人のユダヤ人がハルピン丸で日本に渡ってきました。ユダヤ人たちは敦賀から神戸に向かい，神戸と横浜からイスラエルやアメリカに渡りました。

　他方，千畝はリトアニアを去った後，ドイツ，チェコ，東プロセイン，ルーマニア領事館に赴任し，第二次世界大戦が終結し収容所生活を送った後，1947年4月に杉原一家は日本に戻りました。しかし，千畝は外務省を退職させられます。ビザ発行の懲戒ではなく，連合国司令部より各官庁は人員を減らせとの命令が出たためでした。千畝は「やはり命令に背いてビザを出したことが問題にされているのか」とも思いつつも，黙って外務省を去っていきました。47歳で外務省を去った千畝は，語学力を生かして様々な仕事をしました。

　さて，千畝がユダヤ人難民のためにビザを書いてから28年が経った1968年8月のある日，突然イスラエル大使館から千畝のもとに電話がかかり，参事官ニシュリが会いたいと言ってきました。千畝が行ってみると，彼は1枚のボロボロになった紙切れを見せて，「あなたが書いてくださったこのビザのおかげで私は救われたのです。私はあのとき，領事館であなたと交渉した5人のうちの1人，ニシュリです」と言いました。さらに翌年の1969年，千畝はイスラエルに招待されました。彼を迎えたのは宗教大臣バルハフテイツクでした。彼も千畝に救われた1人だったのです。千畝は皆から歓迎を受け，1985年，イスラエル政府より「諸国民の中の正義の人賞」を授与されました。この賞はユダヤ人を助け，イスラエル建国に尽くした外国人に与えられるもので，日本人としては千畝が初めての受賞でした。このことが新聞やテレビで報道され騒がれ始めましたが，彼はただ一言，「当然のことをしただけです」と語りました。

（柳沼良太作）

（参考資料）杉原幸子『新版六千人の命のビザ』大正出版，1994年。渡辺勝正『真相・杉原ビザ』大正出版，2000年。

22 内容項目D－(22)よりよく生きる喜び
教材名：二人の弟子

柳沼良太の"ココ"がおススメ！

　生徒はだれもがよりよく生きたいと思いながらも，人を憎悪したり嫉妬したりするネガティブな感情を引きずって苦悶することになる。こうした弱く脆い自分を何とか克服して，前向きによりよく生きるためにはどうすればよいかを考える授業である。この教材はある種の宗教的な悟りさえ思わせる物語だが，生徒なりに自分の対人関係や挫折経験と結びつけながら，人を許すこと，今の自分を乗り越えることの意義を深く考え議論することができるだろう。

―◆本時の問題解決的な学習のポイント◆―――――――――

❶心の中に存在する葛藤に気づく

　中学生の段階は，子どもから大人への過渡期である。生徒たちはよりよく生きようと行動しなければいけないと思う自分と，わかってはいるが行動することができない自分との間に揺れる時期にいる。これはだれの心の中にも存在する葛藤だということに，ほとんどの生徒は気づいていない。そして自分の弱さに負けてしまったときに，弱い自分を責めてしまい，自信をなくして自己肯定感も低くなりがちである。
　本教材では，主人公である僧侶の智行が，途中で修行を投げ出した道信を許すことができず，上人の寛容さにも疑念をもっているところが問題になっている。

❷問題の移り変わりをとらえさせる

　本授業では，智行が自らの弱さを自覚し，どうしたらその弱さを克服することができるかを考えたい。ここで智行の中では，問題意識が「なぜ上人は道信を許したのか」から「なぜ自分は道信を許すことができないのか」へと変わっている点に注目する。
　智行が自らの弱さを自覚する決定的な要因が，上人の言葉である。したがって，この場面で範読を区切り，前後の問題の移り変わりをとらえさせることで，智行の気づきをつかみつつ問題を整理し，問題解決的な学習を進めていく中で，よりよく生きようとする道徳的判断力を養っていきたい。

◆指導案◆

（1） **主題名** 弱さを受けとめ，よりよく生きる
（2） **教材名** 二人の弟子（出典：『私たちの道徳』文部科学省）
（3） **ねらい** だれでも弱い心をもっているため，その心を受け入れることが重要であることを理解し，それを克服しようとする道徳的判断力を養う。
（4） 展開の大要

	学習活動	ねらいにせまる手立て	生徒の反応
導入	○自分が頑張ろうと思ったのはどんなときかを思い出す。	・頑張ろうとする心や，失敗をした経験は，だれもが同じようにもっていることを押さえる。	・生徒会選挙に立候補したとき。 ・発表に失敗したとき。
展開	◇教材の前半を読む。（『私たちの道徳』の130頁の3行目まで） ○智行の中で何が問題になっているかを確認する。 ◇後半を範読する。 ○上人の言葉の意味を考える。 ○なぜ智行は涙をこぼしたのか。 ○どうすれば智行はよりよく生きていくことができるかを考える。	・「道信が許されたこと」などの発言には，「なぜそれが問題になっているのか」と問いかけ，問題への理解を深める。 ・「自分自身と向き合うとはどういうことか」と問いかけ，智行の苦悩を理解する。 ・智行自身に改善すべき点があること，智行自身が気づいたことを押さえる。 ・自らの弱さを認め，そこから自分にできることを考え，弱さに挑み続けることがよりよく生きることであると押さえる。	・修行を投げ出した道信が許されてよいのか。 ・自分を見つめ続けることが大事であること。 ・だれにでも弱さがあるという意味もある。 ・道信を受け入れてあげられない自分と向き合い，その弱さを克服できるように努力をする。
終末	○今後の生活でどう生かしていくかを考える。 ○考えを発表する。	・弱さと向き合い，認め，克服しようとする生徒の考えを認め，励まし，勇気づける。	・自分には弱いところがあるが，それを見つめ，克服できるように頑張りたい。

（5） **評価** 自分の弱さと向き合い，それを認め克服しようとする道徳的判断ができたか。

◆授業の実際◆

教材の概要 厳しい修行に耐え勉学に励む智行のもとに，かつて同志だった道信が現れた。道信は厳しい修行に耐えることができず，逃げ出した身であり，智行は今さら戻ってきたところで，上人様が許すとは思えないと考えていた。ところが，上人は道信を許し，再び寺へ迎え入れる。智行はそれを理解することができず，道信を迎え入れることができずにいた。

❶導入

まず，教師は「友達が何か失敗をして許せたことや，許せなかったことはありますか」と問いかける。生徒からは「シャープペンを貸したら壊されたが，わざとではないので許してあげた」「約束を破った友達としばらく口をきかないことがあった」などの経験を語り合った。

教師はそうした経験が学級のみんなにもあったかを問いかけ，「だれにでも失敗や過ちはあるが，それを許せるときもあれば，許せないときがある」ことを確かめる。

❷展開

教材の前半を読んだ後，智行の中でどのようなことが問題になっているかを確認する。教師が「智行にとって何が問題になっているのでしょうか」と問いかける。生徒からは，「上人が道信を許すはずもないと思っていたのに，簡単に許してしまった」「自分は厳しい修行を積み上げてきた。その修行から逃げた道信が許されたことで，その修行が認めてもらえず，意味のないものと思えてきたから」などの問題点が出される。

次に，教材の後半を読んだ後，教師が「上人はなぜ道信を許したのだろう」と問いかける。生徒からは「道信がもう一度やり直すチャンスを与えたのだと思う」「だれにでも煩悩があって，失敗をするから，今回は寛容に受け入れたのではないか」などの考えが出る。

教師は「上人の言う『自分自身と向き合って生きていかねばならない』とは，どのような意味か」と問いかける。生徒からは「いろんな自分の弱さや醜さに向き合い，克服することが修行なんだと思う」などと答える。ここまでを振り返り，板書しながら問題点を確認する。

- 智行は修行を投げ出した道信を受け入れることができなかった。
- 上人がその道信を許したことも信じられなかった。
- 上人は，だれにでも弱さがあり，それと向き合うことの大切さを伝えた。
- 智行はどう生きればよいかわからなくなった。

これまでの過程を踏まえ，「智行はこれからどのように生きていけばよいのだろう」と問い

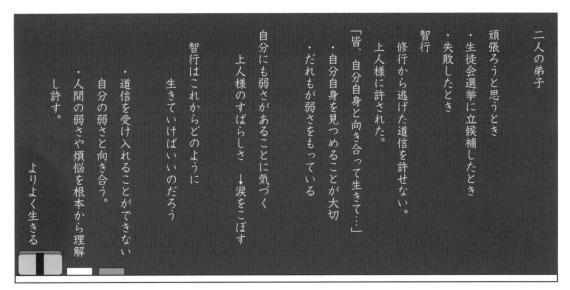

かける。個人でワークシートに書き込み，それをグループで話し合う。

生徒たちは「道信を許してあげればよい」「他人の処遇よりも自分の修行に専念するべきだ」「自分の中にある弱さや醜さを克服する必要がある」などの意見が出る。

グループで交流をする際に，多様な意見を交流させて，納得できる考えを練り合う。全体交流では，「道信を許せば，よりよい生き方になるのだろうか。智行が心配するように，また修行を投げ出すかもしれない。厳しい罰を与えることもできるのではないか」と問いかける。生徒からは「人間なので何度も過ちを犯してしまうかもしれないが，心から謝罪するかぎり上人様は何度でも許すのではないか」「人は人生のうち何度も自分自身と向き合い，心の困難を乗り越えていかなければならない」などと話し合う。

教師は「自分が道信なら，どうしてほしいだろう」と問い返す。すると，生徒は「道信の立場なら，藁にもすがる思いでどうか許してほしいと懇願するだろう」「常によりよく生きる姿勢をもち続けることは大変だが，挑む価値がある」などと発言する。教師は「いつでも，どこでも，何度でも道信を受け入れるべきなのだろうか」と問う。生徒からは「向き合うべきは，相手ではなく，弱い自分なのだと思う。それをいつか克服できれば，本当によりよく生きることにつながるのではないか」などの考えが出る。

❸終末

終末では，「二人の弟子」の話を踏まえ，自分なりに今後の生活をどのようにするべきかを考える。生徒からは「許せない相手もいるけれど，それは相手の問題だけではないかもしれない。これからはそんな弱い自分を見つめて，それに立ち向かって克服できるように生活していきたい」といった考えが出る。教師はそうした自分と真摯に向き合おうとする生徒たちの態度や，よりよく生きようとする誠実な姿勢を認め，励まし，勇気づけていく。

（加納　一輝）

おわりに

　道徳の教科化は，我が国における戦後の道徳教育を改革する最初で最後のチャンスかもしれない。そのような危機感と希望を胸に本書を編著した。文部科学省においても次期学習指導要領の改訂ではアクティブ・ラーニングと関連づけ，道徳科でも問題解決的な学習を本格的に導入して，指導法と評価法を抜本的に改善しようと取り組んでいる。後はこうした新しい指導法を教材と組み合わせ，具体的な指導案として提示し，学校現場でどれほど受け入れられ，豊かに花開くかである。

　本書では，できるだけ日常の道徳授業に生かしていただけるような堅実なタイプの指導案を中心に取りそろえた。数年に１回の絢爛豪華な研究授業用の指導案ではなく，ささやかでも有意義で確かな実効性のある指導案を目指して共同開発していった。本書で紹介した指導案をそのまま実践されてもよいし，これらを参考にご自身のオリジナルな指導案を作成されても結構なので，ぜひ一度，問題解決的な学習で創る道徳授業を実践していただきたい。そして子どもたちの反応がまざまざと変わり，主体的に道徳的問題を考え議論するようになり，日常生活の言動までも変化する様子をぜひ実感していただきたい。

　今後も「問題解決的な学習で創る道徳授業」を次々と開発・実践・省察していきたいと考えている。もし新しい指導案を作成された場合は，下記までお知らせいただければ幸いである（岐阜県岐阜市柳戸１－１　岐阜大学教育学研究科，あるいは E-mail:yagiryo@nifty.com）。志のある全国の先生方と今後も連携・協力していければありがたい。

　最後に，前著『問題解決的な学習で創る道徳授業　超入門』に引きつづき，本書の編著も勧めてくださった明治図書の茅野現氏に心より御礼を申し上げたい。茅野氏からご依頼いただいた『道徳教育』の連載「"生きる力"を育てる問題解決型の道徳授業」（2013年４月号から１年間），およびリレー連載「道徳授業で問題解決的な学習はこう創る！」（2016年４月号から１年間を予定）が，本書にも生かされている。本書は道徳教育の改革において私たちと同志といえる茅野氏から励まされ勇気づけられることで，短期間に完成まで漕ぎつけることができた。

　これからも子どもたちがよりよく生きるために役立つ道徳授業を協働して探究していきたい。本書がわが国の道徳授業の抜本的な改善と発展に少しでも寄与するところがあれば幸甚である。

柳沼良太

【著者紹介】

柳沼　良太（やぎぬま　りょうた）
早稲田大学大学院文学研究科博士後期課程修了，博士（文学）。早稲田大学文学部助手，山形短期大学専任講師を経て，現在，岐阜大学大学院教育学研究科准教授。中央教育審議会道徳教育専門部会委員。

丹羽　紀一（にわ　のりかず）
岐阜県多治見市立陶都中学校

加納　一輝（かのう　かずき）
岐阜大学大学院教育学研究科

中学校　問題解決的な学習で創る
道徳授業パーフェクトガイド

2016年9月初版第1刷刊 ©著者	柳沼良太
2017年1月初版第2刷刊	丹羽紀一・加納一輝
発行者	藤原光政
発行所	明治図書出版株式会社

http://www.meijitosho.co.jp
（企画）茅野　現　（校正）小松由梨香
〒114-0023　東京都北区滝野川7-46-1
振替00160-5-151318　電話03(5907)6701
ご注文窓口　　　　　電話03(5907)6668

＊検印省略　　組版所　長野印刷商工株式会社

本書の無断コピーは，著作権・出版権にふれます。ご注意ください。

Printed in Japan　　ISBN978-4-18-244913-0
もれなくクーポンがもらえる！読者アンケートはこちらから →

道徳授業における問題解決的な学習のすべてがここに！

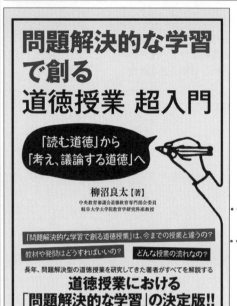

問題解決的な学習で創る道徳授業　超入門

「読む道徳」から「考え、議論する道徳」へ

柳沼良太　著

- ●A5判　●136頁　●本体1,900円＋税　●図書番号2062

「新学習指導要領解説　特別の教科　道徳編」に、新しく明記された問題解決的な学習。はたして道徳授業における問題解決的な学習とは。本書では、長年、道徳授業における問題解決学習を研究してきた著者が、理論、発問や板書などの実践のポイントなど、すべてを解説。

新学習指導要領のねらいを具体化するパーフェクトガイド

平成28年版

新学習指導要領の展開 特別の教科　道徳編

- 小学校　永田繁雄　編著
- 中学校　柴原弘志　編著

- ●A5判
- ●208頁
- ●本体1,900円＋税
- ●小学校：図書番号2711
- ●中学校：図書番号2731

新学習指導要領の内容に沿いながら、教科書や評価といった道徳改訂のキーポイントについて詳しく解説。また、内容項目ごとの指導ポイントや問題解決的な学習を生かした新たな授業プランも掲載。

明治図書　携帯・スマートフォンからは **明治図書ONLINE** へ　書籍の検索、注文ができます。▶▶▶

http://www.meijitosho.co.jp　＊併記4桁の図書番号（英数字）でHP、携帯での検索・注文が簡単に行えます。

〒114-0023　東京都北区滝野川7-46-1　ご注文窓口　TEL 03-5907-6668　FAX 050-3156-2790

＊価格は全て本体価格表示です。

道徳教育　話題の新刊！

ほんもののエンカウンターで道徳授業

諸富　祥彦　編著

小学校編
B5判・116頁
本体2,200円＋税
図書番号：1169

中学校編
B5判・120頁
本体2,200円＋税
図書番号：1170

「エンカウンターの形だけを真似をした道徳授業が多く、これではねらいを達成できない」と編者は現状に警鐘を鳴らす。エンカウンターを生かしたとびっきりの道徳授業を数多く紹介。

J-POPで創る中学道徳授業

柴田　克　著

B5判・120頁・本体2,060円＋税　図書番号：1168

J-POPで道徳って？？
① J-POPの歌詞を活用した道徳授業です！
　⇒思春期の子どもたちも道徳授業を楽しみに！
② 道徳授業に不慣れでも実践しやすいです！
　⇒範読が苦手でも大丈夫。CDやDVDが資料に！
③ 幅広い年代で実施可能です！
　⇒小学校高学年や高校生でも熱中する授業です！

J-POPで道徳とは、歌詞を資料にした道徳授業です！　本書では、ケツメイシの「仲間」やミスチルの「GIFT」、さだまさしの「償い」などを活用した事例を紹介。思春期の中学生が「今度の道徳は何をやるの？」と聞いてくるほど夢中になる授業を大公開です！

明治図書　携帯・スマートフォンからは **明治図書ONLINE** へ　書籍の検索、注文ができます。▶▶▶

http://www.meijitosho.co.jp　＊併記4桁の図書番号（英数字）でHP、携帯での検索・注文が簡単に行えます。

〒114-0023　東京都北区滝野川7-46-1　ご注文窓口　TEL 03-5907-6668　FAX 050-3156-2790

＊価格は全て本体価表示です。

魅力ある教材で心を動かす授業を！

スペシャリスト直伝！
中学校 道徳授業 成功の極意

桃﨑 剛寿 著

建前ばかりの道徳授業に限界を感じていませんか。そんな授業を打破するには、魅力的な教材とバリエーション豊かな展開が重要だと著者は言います。長年、教材開発を続けてきた著者が、教材開発の極意からアクティブ・ラーニングを入れた授業実践まですべてを公開します！

- ●A5判
- ●136頁
- ●本体1,900円＋税
- ●図書番号 2300

大好評！J-POPを教材にした道徳授業事例集、第2弾！

J-POPで創る 中学道徳授業 2

柴田 克 著

大好評、J-POPの歌詞を教材にした道徳授業事例集の第2弾です！
今回は、SEKAI NO OWARIの「天使と悪魔」や絢香の「にじいろ」を活用した事例などを紹介。多様な指導法を用いた実践は、新学習指導要領「特別の教科 道徳」にも対応しています！

- ●B5判
- ●120頁
- ●本体2,100円＋税
- ●図書番号 1863

明治図書　携帯・スマートフォンからは　明治図書ONLINEへ　書籍の検索、注文ができます。▶▶▶

http://www.meijitosho.co.jp　＊併記4桁の図書番号（英数字）でHP、携帯での検索・注文が簡単に行えます。
〒114-0023　東京都北区滝野川7-46-1　ご注文窓口　TEL 03-5907-6668　FAX 050-3156-2790